山情無限

半山 韓相哲 山嶽時調集(5)

世界山嶽時調 第2篇

圖書出版 修書院

이 도서의 국립중앙도서관 출판시 도서목록(CIP)은 서지정보유통지원시스템 홈페이지(http://seoji.nl.go.kr)와 국가자료공동목록시스템(http://www.nl.go.kr/kolisnet)에서 이용하실 수 있습니다(CIP제어번호 : CIP2016010704).

머리말

驚天動地　頂門一鍼　換骨奪胎
경 천 동 지　　정 문 일 침　　환 골 탈 태

‘산의 정情’은 끝이 없다. 그는 여태껏 한 번도 허리를 굽힌 적이 없지만, 오른 자는 머리를 밟았다고 우쭐댄다. 목숨을 내건 구도求道! 미치지 않고는 이룰 수 없는 경지! 아! 묘지에 묻힌 뒤라도 산을 알면 얼마나 좋을까? 1999년 8월 유럽 알프스 몽블랑(Montblanc 4,807m)에서 조난했다. 그 때 산신이 나를 살려주지 않았더라면, 지금 이 글을 쓸 수 없을 것이다. 한없이 감사하다.

登太山　小天下　　**큰 산에 오르니, 천하가 작게 보인다.**
등 태 산　소 천 하

－공자公子－

2016년(丙申年) 봄

도봉산창에서

삼가 씀

차 례

제2부 네팔

-부록-

제 *1* 부

페루, 아프리카, 스위스, 프랑스, 뉴질랜드(25수)

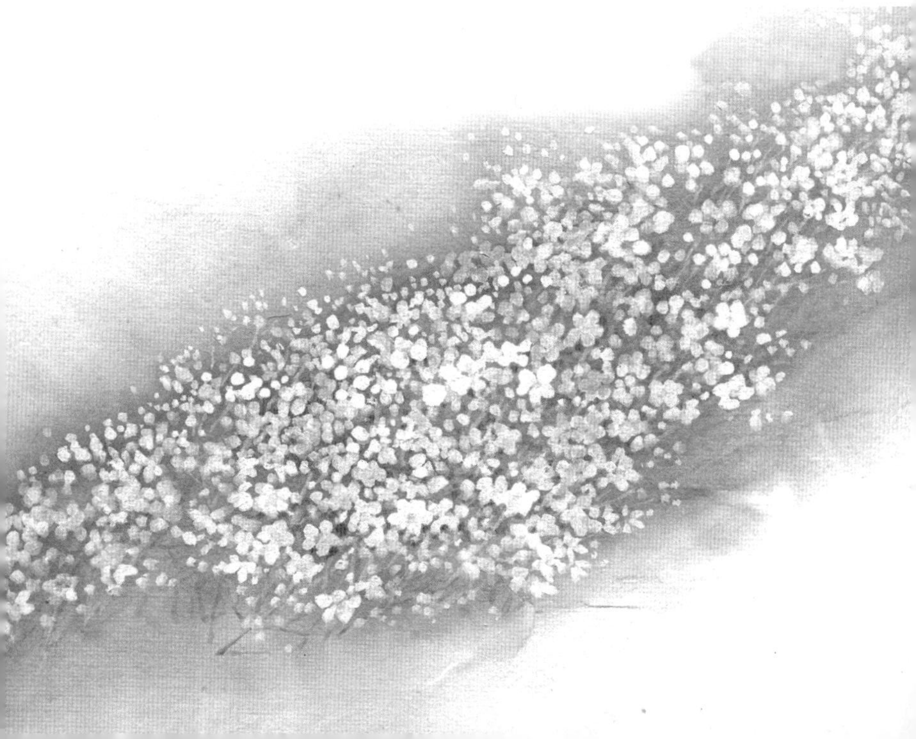

페루 8제(2000. 9. 13~9. 28) : 졸저 산악시조 제3집 해외 편 《山情萬里》에 10제는 이미 게재.

1. 나스카(Nazca)의 지상그림

새들만 볼 수 있는 신(神)들의 노리개지
하늘의 씨앗이니 기하화법(幾何畵法) 모를 리야
고인(故人)은 외계인 발에 멋진 심상(心相) 그렸네

---

* 라틴 아메리카 페루의 태평양 연안과 안데스(Andes) 산맥 기슭 사이, 나스카(Nazca) 평원(산호세 팜바)에 거대한 기하학적 그림이 200여 개 그려져 있는데, 공중 300m 이상에서만 볼 수 있는 불가사의(不可思議)다. 평생을 이 그림만 연구한 독일인 수학자 마리아 라이헤만에 의하면 BC 900년에서 AD 600년 사이에 그려진 것으로, 용도는 천체달력이라고 추정할뿐 달리 알려진 것은 없다.
* 기하화법 : 자, 컴퍼스 등 제도(製圖) 기구를 써서 그리는 화법.
* 한방 이론에 의하면 인간은 '하늘의 씨앗'이라 한다.
* 사람에게 관상(觀相)보다는 수상(手相), 수상보다는 족상(足相), 족상보다는 심상(心相)을 더 가치있게 여긴다.
* 졸저, 산악시조 제3집 해외편《山情萬里》 제61쪽 '나스카의 불가사의(不可思議)' 참조.

2. 와스카란(Huascaran)

-안데스의 흑마녀

눈구름 토한 산정 마녀는 묘한 눈빛
탐스런 유방계곡 숱한 영혼 묻어놨지
한 번 더 발광을 하면 채찍으로 후리리

* 페루의 수도 리마(Lima)에서 북동쪽으로 420km 떨어진 도시 와라스(Huaraz)가 출발점이다. 와스카란(6,768m)은 페루 안데스의 맹주이자, 남미에서 두 번째 높은 설산 봉우리다. 주봉인 남봉과 북봉(6,655m) 사이 잘록한 안부는 마치 유방을 대하는 느낌이다. 1970년 5월 31일 오후 3시경 휴일을 맞은 인근 윤가이(Yungai) 시에 진도 7.8의 강진이 발생했다. 그 여파로 이 산에서 엄청난 산사태가 일어나, 시속 300km의 속도로 마을을 덮치는 바람에, 인구 4만 명 중 3만 여명이 도시와 함께 단 3분 만에 사라진 비극을 맞이했다. 1975년 페루 국가공원(Parque Nacional Huascran)으로 지정했다. 한국은 1994년 서울대학교 사범대학산악부에서 초등한 기록을 갖고 있다.

3. 알파마요(Alpamayo)
-안데스의 조비연(趙飛燕)

저리도 완벽하면 피라미드 아니겠지
얼산꾼 혼을 뺏는 호두만한 얼음미인
장중(掌中)에 올려놓으니 제비마냥 춤추네

* 알파마요(5,947m) : 안데스 코르디예라 블랑카(Cordillera Blanca) 산군(山群)에 있는 미봉이다. 1966년 유네스코에서 '세계에서 가장 아름다운 산'으로 선정했다. 완벽한 피라미드형의 가파르고 험한 얼음봉우리로, 케추어(인디오어)로 '진흙 강'의 뜻을 담고 있다. 아스라이 보이는데, 입맛을 쩍쩍 다셨다. 우리는 베이스캠프까지 가려다, 날씨가 나빠지는 바람에 취소했다.
* 조비연 : 동서고금을 통해 '가장 몸매가 날씬하다'는 중국의 미인으로, 한 성제(漢 成帝)의 총애를 받아 제2황후가 되었다. '나는 제비'란 별명을 지녔다. 비연작장중무(飛燕作掌中舞)-조비연을 손바닥 위 올려놓아 제비처럼 춤추게 한다-라는 성어를 만들어낸 장본인이다.

4. 하툰코차(Jatuncocha)의 정담(情談)

창포향 그윽한데 기러기 한가로워
하늬에 나부끼는 께뉴얼 이끼 거웃
엿본 산(山) 하 부끄러워 구름 속에 숨느니

---

* 코차는 호수를 뜻한다. 이치코차(Ichigcocha 작은 호수)는 산타크루즈(Santa Cruz) 계곡 안에 있는 수심이 얕은 아담한 호수이다. 붉은 부평초, 캐나다 기러기 등 주위의 풍광과 조화를 이뤄 평화롭다. 그 위쪽 하툰코차(Laguna Jatuncocha 큰 호수)에는 마침 바람이 불어와 께뉴얼의 이끼수염이 날리며, 멀리 끼다라후(Quitaraju 6,036m) 산이 구름 사이로 머리를 빠끔히 내밀어 정취를 더해준다. 호수 왼편이 그 산으로 가는 길이다.
* 께뉴얼(Quenual) : 우리나라의 자작나무와 비슷한 나무로, 잘 벗겨지는 붉은 껍질에 자꾸 손이 가는 매력이 있다. 마치 송라(松蘿)처럼 생긴 이끼가 주렁주렁 매달려, 여성의 뭐처럼 묘한 운치가 있다.
* 2016. 1. 9 시조제목 수정.

5. 삭사이와만(Sagsaywaman)의 석성(石城)

우주서 날아왔지 거대한 적옥(赤玉)덩이
교묘히 깎고 쌓아 면도날도 안 들어간
석공(石工)의 퍼즐게임을 심안(心眼)으로 즐겨라

---

* 쿠스코 시(市) 북쪽 산기슭에 있는 잉카 시대 석축이다. '펄럭이는 독수리 날개'라는 뜻을 가진 이곳은 외적을 물리치기 위한 도시방어용인지, 태양신전인지 확실히 알려져 있지 않지만, 그 위용은 실로 대단하다. 축대의 가장 큰 돌은 높이 9m, 폭 5m, 무게 약 500톤으로 추정되며, 다각(多角)으로 퍼즐처럼 맞추어진 돌 사이사이는 도무지 바늘 하나 들어갈 틈조차도 보이지 않는다. 성곽은 3단의 지그재그 형태로 축조되었으며, 각 단(段)의 길이는 360m에 달한다. 하루 3만 명이 동원되어 80년에 걸쳐 건설했다는, 이 석성에 쿠스코 최대 민속축제인 '태양 축제'(인티라이미 ; Inti Raimi)가 매년 6월 24일에 열린다.

6. 피삭(Pisac)의 젖 가리개

산태극(山太極) 수태극(水太極)에 고즈넉 산록 마을
콘돌이 채갈까 봐 망막(網膜) 안에 숨겨둔
흑수정 젖 가리개를 내가 대신 차도다

---

*'작은 쿠스코'로 불린다. 안데스 산록에 위치한 고즈넉한 촌락으로, 전형적인 배산임수형국(背山臨水形局)이다. 뒷산은 콘돌 새의 모습을 띠고 있으며, 농경지 앞 돌로 쌓은 경계 논두렁은 누가 보아도 영락없는 유방선(또는 브래지어)이다. 질 좋은 천연염료가 산출된다.

*2016. 1. 8 제목과 종장 수정

7. 오얀타이탐보(Ollantaytambo)의 절벽
-미완(未完)의 설움

도르래 있었으랴 거석(巨石)을 어이 옮겨
붉은 빛 신전 뒤로 뱀 물길이 하늘 날자
절벽 위 황제의 눈엔 천년 설움 가득타

---

* 잉카의 유명한 민속촌 산비탈에 붉은 화강암으로 지은 아름다운 신전이 있다. 일설에 의하면 짓다 만 것이라고 하는데, 쿠스코의 일반 석축기법과는 다른 방법으로 접합(接合)시킨 게 특징이다. 석재는 그 산에서 채취한 것이 아니라, 수 km 떨어진 표고 4천 미터가 넘는 안데스 산 주맥에서 가져왔다고 한다. 깊은 강이 없는 지역에서 어떻게 수십 톤이 넘는 큰 돌을 운반했는지 궁금하다. 신전 우측 콘돌의 모습을 닮은 산등성이에 뱀처럼 꾸불꾸불한 수로를 교묘히 건설하였다. 맞은편 산의 빨간 절벽은 잉카의 제8대 황제 비라코차(Viracocha)의 형상을 띠고 있어, 그기에 어울리도록 각종 조형물을 설치한 그들의 직관력(直觀力)과, 심미안(審美眼)이 참으로 놀랍다.

8. 양가누꼬(Laguna de Llanganuco) 호수
-선녀의 옥문

지도에 방점(傍點) 찍자 빙하가 밀려오고
잔물결 일렁이니 황금 거인 덮치려 해
귀양 온 비취옥(翡翠玉) 선녀 질은 음문 떤다네

---

* 위쪽의 남자호수인 오르콘코차(Orconcocha 3,863m)와, 아래쪽 여자호수인 치난코차(Chinancocha 3,850m)가 한 쌍으로 이루어진 빙하호로, 양가누꼬 국가공원 안에 있다. 주위의 멋진 전망 말고도 와스카란의 빙하가 금방이라도 밀려올 것 같은 웅장함을 자랑한다. 호반에는 습생식물의 꽃이 피어있고, 희귀한 물고기가 숨바꼭질한다. 안데스의 오아시스로 에메랄드빛 물결이 이는 아주 매혹적인 곳이다. 호수 양안의 황금빛 암벽은 천상의 거인을 연상케 하는데, 미풍만 살랑대도 와르르 무너진다. 비운의 도시 윤가이에서 양가누꼬 계곡 입구까지 약 18km이며, 차로 20~30분 정도 걸린다.
* 2016. 1. 6 본문과 주석 수정.

아프리카 7제(2000. 2. 26~3. 9)-킬리만자로 4수

9. 마운디 분화구

산장 길 오리(五里) 옆에 옴팍한 저 함지박
분화구 초원 위로 실바람 살랑이면
도톰한 여근(女根) 안에서 보라 안개 펴올라

---

* 만다라(Mandara) 산장에서 호롬보(Horombo) 산장으로 가는 삼거리 갈림길에서, 오른 쪽으로 30분 쯤 오르면 표고 약 2,800m 지점에 구릉형 분화구(표지석 MAUNDI CRATER RIM)가 나타난다. 마치 함지박처럼 오목하게 생겼다. 킬리만자로 산의 제2고봉인 '마웬지'가 잘 보이고, 아름다운 초화가 많은 관목지대다. 킬리만자로의 대표식물은 세네시오 킬리만자리(Senecio Killimanjari)이다.
* 2015. 4. 22 추가

10. 마웬지 봉

구름 위 청개구리 하얀 산 영봉(靈峰)일까
눈망울 굴려대며 뒷다리에 힘주더니
가뿐히 허공을 짚고 삼단도약(三段跳躍) 하느니

---

* 마웬지 봉(Mawenzi 5,194m) : 킬리만자로 산의 주봉인 키보(Kibo 5,895m), 다음으로 높은 봉우리다. 일반적으로 개구리 모습이나, 구름과 날씨 혹은 방향에 따라 달리 보이기도 한다. 판다곰으로 보는 이도 있다.
* 2015. 4. 22 추가

11. 킬리만자로의 눈(雪)

오르다 지친 표범 내 팔에 누웠는데
만년설 쪼는 햇살 길손 눈을 멀게 하자
흰 천 쓴 검은 여신이 나울나울 춤을 춘

* 킬리만자로(Kilimanjaro 5,895m) : 탄자니아 동북부에 있는 아프리카 대륙의 최고봉(중앙의 키보 화산 우후르 피크)으로, 유럽인이 가장 동경하는 산이다. 신비감을 더하기 위해 영화나 소설(헤밍웨이), 노래(조용필) 등에 표범이 등장하지만, 먹이사슬 혹은 고소적응 문제로 실제로는 살지 않는다. 적도 부근인데도 신기하게 만년설로 덮여있으며, 스와힐리어로 '하얀 산' 또는 '빛나는 산'이라 부른다. 1889년 최초등정자로 알려진 독일인 지리학자 한스 마이어(Hans Mayer)의 이름을 딴 동굴(5,200m)쯤 이르게 되면, 몽롱해져 자기도 모르게 졸면서 걷게 되는데, 일종의 고소증세라 보면 된다. 현지 가이드는 "뽈레뽈레"(천천히) 걷기를 권하는데, 잘못 들으면 "빨리빨리"로 착각한다.
* 우리는 노말 루트(코카콜라 코스)로 길만스(Gilman's) 포인트(5,681m–등정으로 간주)를 오른 후, 좀 더 진행하다가 되돌아왔다. 일행 둘은 우후르 피크까지 가고 싶었지만, 故 안경호 대장이 매우 지쳐, '그만 가기'를 고소원(固所願)이나, 불감청(不敢請)의 처지(맹자에서)여서, 미련없이 퇴각했다.
* 2016. 1. 17 주석 수정.

12. 암보세리 색정(色情)

이글댄 적도 위는 신기루로 뒤덮여
발정한 수 누(gnu) 마냥 깡충 춤춘 도색전사(桃色戰士)
열 암컷 마다치 않는 수컷들의 본색은

---

* 암보세리(Amboseli National Park 2° 39'9.72"S 37° 15'38.09"E)는 케냐에 있는 사파리 국가공원으로, 마사이 마을을 비롯해 명소가 많다. 붉은 옷을 걸치고 정열의 춤을 추는 마사이 전사들은 여자 10명까지 거느리는 것을 허용하고 있다. 대평원에서 흑포도주 한 잔 들이키면서, 노을이 지는 장엄한 킬리만자로 산을 바라보노라면, 그야말로 넋이 달아난다. 순간 남의 여자라도 "와락" 끌어안고 싶은 충동이 인다.
* 열 여자 마다할 남자는 없다!

-케이프타운 3수

13. 미항야정(美港夜情)

초승달 찡긋하자 넋 나간 곰솔 숲
건들마 쪽빛 갯내 하 반짝인 은모래
나 언제 펭귄 되었나 뒤뚱대는 남은 삶

* 케이프타운(Cape Town)은 남아프리카공화국(한국전쟁 참전국)의 수도로, 쪽빛 바다와 수림 등 깨끗하고 빼어난 풍광은, 소위 세계3대 미항을 능가하는 아름다운 항구도시이다. 초승달이 은은히 비치는 우거진 해송 숲과, 건들바람이 불어오는 펭귄공원에서 읊은 소회(所懷)다.

14. 희망봉과 케이프 포인트

희망봉 모래사장 모험이 재잘대니
두 대양 몰고 온 뒤 등대 할퀸 거센 풍신(風神)
탱고 춘 연미복 자락 큰 암초에 걸렸네

* 아프리카 최남단 희망봉의 좌표는 남위 34도 21분 24초, 동경 18도 29분 51초로, 이 지점에서 10분 쯤 떨어진 야산의 정점에 유명한 등대가 있다. 시속 140km의 초강풍이 불 때도 있다.
* 왼편 인도양과 오른 편 대서양이 만나는 지점의 악명 높은 암초에 부딪쳐 거대한 포말을 그려내는 파도는, 탱고 춤을 추듯 일대 장관을 연출한다.

15. 테이블 마운틴(Table Mountain)
-천의무봉(天衣無縫)의 식탁보

천상의 반석일까 네모 진 홍옥(紅玉)식탁
흰 구름 걸릴 짬에 비단보 절로 깔려
내친김 저 보를 걸어 천의무봉 지으리

---

* 케이프타운의 상징이다. 3개의 봉우리로 구성된 절묘한 탁자산(卓子山)이다. 길이 3.2km의 반듯한 바위능선으로, 최고점은 표고 1,085m로 표시되었다. 보통 케이블카로 오르나, 걸어서 오를 때는 5, 6, 8시간 코스가 있다. 구름이 고도차에 의해 산을 넘지 못하고 걸려있으면, 마치 '식탁 보'(cloth)를 깔아놓은 것'처럼 보여 美의 극치를 이룬다. 1998년 테이블 마운틴 국가공원으로 변경 지정했다.

스위스 2제(1999. 8. 2~8. 17)

16. 호수에 비친 마터호른

산사태 우르르 꽝 번뇌가 무너지면
파문인 호심(湖心) 아래 아라한(阿羅漢)은 가라앉고
똬리 푼 황금 코브라 하늘 향해 혀 널름

---

* 마터호른(Matterhorn 4,478m) : 스위스와 이태리 국경을 이루는 '페나인 알프스'의 최고봉으로, 평균경사도 45도의 수직에 가까운 암산이다. 일기변화가 심하고 산사태가 자주 일어나, 등정이 만만치 않다(지금까지 500명 이상 사망). 정상부는 피라미드형으로 스위스 체르마트(Zermatt) 쪽 전망이 제일 뛰어나다. 마치 머리 쳐든 코브라 같은데, 저녁노을이 비치면 황금으로 변한다. 세계 3대 미봉으로, 영국의 BBC 방송이 선정한 '죽기 전에 가보야 할 곳 50개' 중 하나다. 간신히 솔베이 대피소(Solvay Hut 4,003m 7평 남짓)까지 올랐으나, 구역질과 좌편두통(左偏頭痛) 등 고소증이 심해, 다음날 가슴을 졸여가며 무척 힘들게 하산했다(1999. 8. 6~8. 7).
* 슈바르찌(표고 2,583m) 호수 : 슈바르찌 케이블카 기지에서 5분 거리에 있는 큰 담수호로, 물이 아주 맑다. 여기에 비치는 마터호른의 천변만화(千變萬化)하는 모습은 정말 장관이다.

17. 문불(問佛)-부처에게 묻다-禪詩

-하산 후 훼른니 산장에서

안전띠 카라비너 우정(友情)을 매듭했기
동반자 굳은 신뢰 자일 따라 흘러도
삼독(三毒)을 씻지 못하니 빌려줄 길 없어라

---

* 카라비너(Karabiner 독, carabiner 영, mousqueton 프) : 하켄, 볼트, 촉 등의 지점(支点)에 로프를 설치할 때, 매개물로 쓰이는 쇠고리 모양을 한 금속제의 중요한 암벽등반 장비다.
* 자일(Seil 독) : 등산용 밧줄로 영어로 로프(rope)라 함. 굵기는 10mm 이상이 안전하다. 등산 동반자를 흔히 자일파티(party) 혹은 자일파트너(partner)라 하는데, 독어와 영어의 합성어라 쓰지 않는 게 바람직하다. 등반동무, 등반동지, 등반동반자 등으로 순화하면 어떨까?
* 삼독 : 착한 마음을 해하는 세 가지 번뇌, 즉 탐(貪-욕심), 진(瞋-성냄), 치(痴-어리석음)를 이름.
* 왜 암벽길이 안 보이는지 부처에게 물어보라! 산 중턱의 훼르니 산장(Hornlihutte 3,260m)까지는 일반관광객도 오를 수 있다.

프랑스 4제(1999. 8. 2~8. 17)-몽블랑 4수

18. 따귈 등정 후 조난(遭難)

군침 돈 번쩍 루비 몽블랑 꼬리일 터
욕심이 앞섰거니 설한풍(雪寒風)에 링반데룽
산신께 불경(不敬)한 죄로 굴비 되어 꿰여가

* 몽블랑 뒤 따귈(Mont du Tacul 4,248m) : 봉블랑 북동쪽 끄트머리에 위치한 알프스의 명봉(名峰)이다. '몽블랑의 꼬리'란 이름을 얻었지만, 인기는 주봉 못지않다. 그날 우리는 연습 삼아 북사면을 오른다는 가벼운 마음으로 진행하다, 무심코 바위봉우리 하나를 올랐는데, 알고 보니 따귈 봉이었다. 일행 모두 욕심이 생겨 눈이 계속 오는데도(원래 가면 안 됨) 무리하게 오른 후, 하산 길을 찾지 못해 생전 처음 조난당한 쓰라린 경험을 얻었다(1999. 8. 12~8. 13). 소위 화이트 아웃에 걸려든 것이다. 우리는 극도로 지친 상태에서 만약의 사태를 대비, 안자일렌(Anseilen 독 : 로프를 서로 묶어 매는 것)으로 계속 운행하면서, 이태리 쪽에서 불어오는 매서운 한풍을 피할 수 있는 능선의 적당한 장소에서 비박(bivouac 영 불, Biwak 독 ; 불시노영-不時露營)을 결심한다.
* 화이트 아웃(white out 영) : 주로 동계 악천후에서 발생하며, 가스나 강설로 시계가 흰 일색이 돼, 원근감이 없어지는 상태를 말한다. 일명 시야상실(視野喪失) 또는, 백시(白視)라 한다.
* 링반데룽(Ringwanderung 독) : 우리말로 환상방황(環狀彷徨)으로 번역한다. 동일한 장소에서 원을 그리며 방황하는 것으로, 걸려들면 큰 위험에 직면한다. 잘못해 여기에 빠지는 조건은 가스나, 눈이 내릴 때, 지형적으로 기복이 적은 장소, 등산자가 지쳐 사고력이 둔해졌거나, 방향감각을 잃었을 때 또는, 무리한 야간운행 등이다. 둘 다 등반용어이다.

19. 조난 후의 악몽-禪詩

설동(雪棟)은 비좁은데 엉덩이 차고 시려
저승길 가는 도중 여우 토끼 어른대니
붙잡힌 탈옥수 마냥 힐끔힐끔 쳐다봐

---

* 주요장비를 아래 설원(雪原)에 놔두고 오는 바람에, 비상식과 보온의류를 비롯해 용구(用具)가 없어 비박조차 용이치 않다. 모두 지친 몸으로 힘을 합해 설동을 짓는다. 그나마 대원 하나가 챙겨온 스토브 덕분에, 눈을 끓여 마시며 추위를 이겨내고 밤을 지새울 수 있어 위안이 된다. "잠들면 죽을 지도 모른다"는 강박감과, 엄습해온 피로의 늪에서 서로 상대방의 빰을 때리며 졸음을 깨워준다. 몽롱한 상태에서 처자식 얼굴이 떠오를 때마다 정신이 번쩍 들곤 한다. 간간이 초롱초롱 빛나는 이국 밤하늘의 별을 보며 교차하는 만감을 달래보긴 하지만, 시종 불안을 떨쳐버릴 수 없다. 이 고초가 뒷날(2006. 10) 나에게 중병을 일으킨 원인 중 하나가 된다.
* 설동(雪棟) : 비박용으로 눈을 파서 만든 눈구멍이나 눈굴 따위.

20. 몽블랑 미련-禪詩

설산은 아니어라 뜨건 김 모락모락
삼독(三毒)이 퍼졌으니 찐빵으로 보일 뿐
급체(急滯)로 산(山) 토한 뒤에 연옥(煉獄) 뭔지 알겠네

---

* 이튿날 새벽 요행히 날이 맑아 하산을 서두른다. 모두 무사히 내려와 에귀 디 미디(케이블카 종착지 3,842m)에 이르러서야 비로소 안도의 숨을 쉰다. 후유증으로 구토증이 심해 산은 쳐다보기도 싫다.
* 몽블랑(Mont Blanc 4,807m) : 프랑스 샤모니(Chamonix)에 있는 유럽 알프스 최고봉. 유럽인이면 누구나 평생에 한 번은 오르고 싶어 하는 명산이다. 이태리(몬테 비안코 Monte Bianco라 부름)와 경계를 이루며, 날씨 변덕이 심하다. 끝내 등정을 하지 못해 미련이 많이 남는 산이다.
* 비운의 山友 김형주(金亨柱 은정산악회) : 우리 팀 리드로, 늘 '등반은 행위의 예술'이라 칭송하던, 그는(1956년생) 비록 등정시비에 휘말리긴 했어도, 일찍이 히말라야의 험봉 낭가파르밧(8,125m)에 오르고, 실내 인공암장을 도입하는 등, 다방면으로 활약한 유능한 등반가였다. 2009. 1. 31 오전 10 : 20경 설악산 양폭대피소 부근 염주골에서, 홍콩 경찰산악대를 안내하다가 불의의 눈사태로 유명을 달리했다.

21. 브레방 산에서 조망(眺望)

젯트(Z) 자(字) 오름길을 다림질로 펴보라
산정(山頂)은 메주덩이 열병(閱兵)하는 몽블랑 산
군침 돈 뚝배기보다 된장 맛이 더 좋은

---

* 브레방(Le Brevant 2,525m) 산 : 샤모니(Chamonix)에 있는 산으로 생김새에 비해 조망이 좋고, 위험하지도 않아 실속이 있다. 몽블랑과 침봉군(針峰群) 그랑조라스는 물론, 멀리 이태리 산까지 잘 보인다. 트레킹 루트가 잘 발달돼 있으나, 빗면으로 Z자 길이 나있어 피곤하다. 샤모니 쪽에서 걸어 올라가면 5~7 시간 걸리며, 정상까지 케이블카로 쉽게 오를 수도 있다. 흔히 '바람의 언덕'이라 부른다.
* 天郞氣淸(천랑기청)惠風和暢(혜풍화창)仰觀宇宙之大(앙관우주지대)俯察品類之盛(부찰품류지성)-하늘은 명랑하고 대기가 맑아 은혜로운 바람은 따스하다. 우러러 우주의 큼을 보고, 굽혀 품류가 성함을 살핀다(명문 왕희지의 난정기에서).

뉴질랜드 4제(1999. 12. 28~2000. 1. 4)-마운트 쿡 2수

22. 주봉(主峰) 아오라키

설풍이 주봉 가려 발 동동 구른 길손
관능미(官能美) 넘친 남릉(南稜) 허리선 애무(愛撫)해도
기어이 얼굴 안 보여 애꾸인가 싶어라

---

* 마운트 쿡(Mt. Cook 3,754m) : 뉴질랜드 서든 알프스의 최고봉으로, 원주민 마오리 족은 아오라키(Ao Raki, 구름을 뚫는 산)라 부른다. 1769년 뉴질랜드에 최초로 상륙 관측한 영국인 선장 쿡의 이름을 따 명명했다. 정상 부근은 일 년 내내 눈바람 눈보라가 일어나 선명한 광경을 거의 보기 힘들며, 높이에 비해 등정이 어려운 산으로 3봉(주봉 3,754m, 중앙봉 3,717m, 낮은 봉 3,593m)으로 형성되었다. 우리는 추억을 담을 캐롤라인 산장을 경유, 볼 패스를 넘는 트레킹을 할 것이다.
* 서든 알프스(Southern Alps) : 뉴질랜드 남섬의 남북을 잇는 길이 547km의 산맥을 일컬음. 3,000m 넘는 산이 19개 있다.

23. 볼패스 하산 길

안개에 농락당한 습 막힌 돌길 하산
차가운 잿빛 계류 붉은 매 지른 괴성(怪聲)
루핀의 농밀(濃密)한 유혹 주책없이 침 흘린

---

* 볼 패스(Ball Pass) : 마운트 쿡 주봉에서 도상(圖上) 5.5km 지점으로, 남릉에 이어진 표고 2,121m 안부(鞍部)이다. 설릉과 조망이 멋진 대표적인 트레킹 루트인데, 우리는 중요한 갈림길에서 짙은 안개로 길을 찾지 못해 한참을 헤맸다. 겨우 찾은 하행 길은 경사가 급하고 돌이 많이 구른다. 평지로 내려선 후, 끝없이 지루한 회색빛 후커벨리(Hooker Valley)를 걷는데 얼음보다 차가운 바람이 분다.
* 붉은 매 : 종류와 학명 모름. 색깔이 투명하고 붉은 색이 감도는 매가 공중에서 "삑삑"하며 낯선 방문자에게 경고를 보내는데, 짖는 소리가 요란하고 돌을 던져도 잘 도망가지 않는 용맹함을 보인다. 나중에 물어보니 '붉은꼬리 말똥가리'라 한다.
* 루핀(lupine) : 콩과 식물로 흰색, 홍색, 분홍, 보라 등, 여러 색상의 꽃들이 요염하게 눈길을 준다.

-밀포드 사운드 일화(逸話) 2수

24. 대음녀(大淫女)

-마이터 봉과 보엔 폭포

대음순(大陰脣) 건드리면 자지러진 긴자꾸
마파람 절구질에 조여 오는 입질쾌감(入室快感)
하늘에 매달린 폭포 푸른 은한(銀漢) 토해내

---

* 밀포드 사운드(Milford Sound) : 뉴질랜드 남섬 타스만 해와 접해 있는 피요르드 랜드 국가공원. 위에서 보면 여자의 생식기를 닮은, 연간 강우량 세계최대 6,000mm인 대음기(大陰氣)의 땅으로 세계8대 비경이다. 숲은 온대림이 주종을 이루고, 바람과 물이 시원하기 그지없다.
* 마이터 봉(Mitre Peak) : 밀포드 사운드의 절정(絶頂). 해수면 높이 1,695m로 바다에서 수직으로 솟은 산 중에서는 세계에서 가장 높으며, 물밑에 잠긴 부분도 피요르드(峽灣-협만) 지역 중 제일 깊은 265m에 달한다(제3포인트).
* 긴자꾸 : 일본말로 두루주머니(巾着)를 뜻하나, 여음(女陰) 등의 아귀힘이 센 것을 비유.
* 보웬(Bowen) 폭포 : 다렌 산맥의 현곡(懸谷-비탈이 급해 폭포나 급류가 높이 걸려 드리운 골짜기)으로부터 162m 아래 해수면으로 장쾌하게 떨어진다. 낙하 포말로 인해 생기는 무지개 하나, 바다 위로 은은히 비치는 무지개 하나, 두 개의 무지개가 환상적이다(제2 포인트).

25. 조국산하 사랑

겁파도 넘실대나 물개는 한가로워
환락(歡樂)에 끝 있는 법 쌍무지개 어른거려
방사(房事)가 끝날 무렵 쯤 임의 품안 그리워

---

* 제13포인트 '물개바위'는 물개 집단서식지로 보호한다.
* 낙극생비(樂極生悲) : 즐거움이 극에 달하면 도리어 슬픔이 생김. 비슷한 말은 흥진비래(興盡悲來)다.

제2부

네팔(24수)

네팔 24제-쿰부히말 등반 및 트레킹 6수(2000.4 .6~4. 23)

26. 깔라파타르의 바보

어르신 안광(眼光) 뵈러 호흡을 가다듬고
웅크린 흑표(黑豹) 밟고 깨금발 디뎠지만
푸모리 질투에 끌려 뒷걸음친 머저리

---

* 깔라파타르(Kalapatthar 5,550m) : 세계 최고봉인 에베레스트(8,848m)를 가장 잘 볼 수 있는 전망대다. 원주민들은 그냥 '검은 바위'라 부른다. 에베레스트 베이스캠프(진작 여기서는 에베레스트를 볼 수 없음) 트레킹코스의 최종기착지 꼬락셉(5,140m)에서 새벽에 오르는데, 이곳은 고소증세가 심해 대부분의 트레커들이 그 아래인 로부체(4,910m)로 일단 되돌아간 후, 거기서 다시 오르기를 시도한다.
* 푸모리(Pumori, 7,165m) : 에베레스트 앞에 있는 미봉으로 피라미드처럼 뾰쪽하다.
* 앙망불급(仰望不及) : 우러러 보기만 할 뿐 미치지 못함.
* 머저리 : 국어사전에는 '어리보기' 즉 얼뜬 사람을 뜻하나, 원래는 물의 신(神)에서 나온 말로 "물처럼 순응한다"는 좋은 의미가 담겨져 있다.

27. 아마다블람의 유혹

뫼산(山) 자(字) 분명한데 다이아로 보인다나
몽환병(夢幻病) 안 걸리려 청심환을 물어다만
내간을 생짜 빼먹은 구미호(九尾狐)만 탓하랴

---

* 아마다블람(Ama Dablam 6,856m) : 혀에서 구르듯 이름조차 아름다운 세계3대 미봉의 하나로, 산악인의 사랑을 가장 많이 받는 산이다. '어머니의 보석상자', '목걸이', '보석함' 등의 애칭을 가진 독수리 날개 형상의 뫼이다. 한자 '山' 자로도 보인다. 필자는 '히말의 구미호'라 명명한다. 팡보체 언덕에서 바라본 광경이 으뜸이고, 두 번째가 사나사에서 보는 것이다. 수직을 거슬러 올라가는 한 마리의 거대한 백연어(Chum Salmon)로 묘사하기도 한다.
* 고산 등반의 3요소
  ① 고도 : 고소증은 의학적으로 치료가 불가능하다. 낮은쪽으로 내려가는 길밖에 없다.
  ② 기상 : 날씨는 일간의 소관이 아니므로, 하늘과 신의 뜻에 맡길뿐이다.
  ③ 등반력 : 등반력은 등반가의 체력과 기술이다.
* 2016. 1. 30 주석 수정.

28. 고쿄리 연가(戀歌)

미조(美鳥)가 앉은 호수 적막이 감도는데
바위는 울부짖고 타루초는 경(經) 읽어줘
저 멀리 청록여신이 내 귀에다 속삭인

* 고쿄리(Gokyo Ri 5,357m)는 네팔 쿰부 히말에 있으며, 꼭대기에 타루초(티베트 불경이 새겨진 천)가 펄럭인다. 에베레스트(8,848m)와 눕체(7,861m, Mt E.를 가려 더 높아 보임)를 조망할 수 있고, 북으로 '청록의 여신' 초오유(8,201m)를 가깝고도 선명하게 바라볼 수 있다. 앞에는 고쿄 호수(일명 타보체 초)가 수정처럼 맑아 새들이 고요히 떠다닌다. 힘들게 산을 오르지 말고, 이 호수를 그냥 바라보는 것만으로도 감동에 젖는다.
* 2016. 2. 1 본문 초장 후구 수정.

29. 루자의 오이 품평

-파한(破閑) Y담(談)

함박눈 쏟아진 뜰 자매가 기른 오이

파과(破瓜)가 어떻거니 지레짐작 맛 품평

산신(山神) 왈(曰) 지명(知命) 인간아 언제 철이 들려노

---

* 루자(Luza)는 고교리 가는 길옆 동네이름이다(표고 4,360m). 야크 카르카(목장)가 많고, 초라체(6,440m)와 타보체(6,367m)를 감상하기 가장 좋은 곳이다. 고소증세가 심하게 오는데, 이곳부터 오늘의 숙박지인 마첼모까지 약 1시간 걸리나, 그날은 함박눈이 퍼부어 더 걸렸다. 나이 어린 자매가 부모를 대신해 롯지를 운영하고 있는데, 순진한 처녀이지만 이외로 눈치가 빠르고 예뻐 호감이 많이 갔다. 나이를 물어보니 우연하게도 16세, 14세라 한다. 마침 조그만 뜰에 눈을 덮어쓴, 아직 잔털이 가시지 않은 여린 오이가 눈에 띄기에, 고소 먹어 띵한 머리로 일행과 주책없이, 오이를 들먹이며 '와이당'(일본말)을 나누었다. 산신에게 핀잔을 들을 만하다... '-체(-che)'란 네팔 말로 원래 언덕을 뜻하나, 산 이름에도 많이 붙이며, '-리'는 꼭대기를 의미한다.
* 파과 : 과(瓜)자는 원래 오이를 뜻하나, 파자(破字)를 하면 팔(八)이 두 개로, 파과지년(破瓜之年)은 여자나이 16세(八+八) 또는 남자나이 64세(八×八) 세를 뜻한다. 여자는 이팔청춘 즉 초경을 거친 싱싱한 나이이고, 반대로 남자는 성욕을 끊어 조신할 나이이다. 네팔의 여자는 조숙해 보통 양칠(七+七), 즉 14세 쯤 초경을 치른다.
* 필자는 당시 지천명(知天命 혹은 지명)의 나이인 50대이다.
* 당시 산벗 겸, 길을 안내한 호주가(好酒家)인 박철(朴喆, 동갑) 씨는 지병을 앓다, 불운하게도 2016. 1월 타계했다. 소식을 늦게 들은 탓에, 문상을 하지 못해 마음이 아프다(2016. 2. 1 주석 수정).

30. 포르체 텡가의 딸

고산(高山) 밤 차가워라 아궁이 다정여심(多情女心)
시린 손 데워주니 객수(客愁) 품는 얼산꾼아
힌디 신 고명딸이니 지참금을 듬뿍 줘

---

* 포르체 텡가(Phortse Tenga 3,670m) : 에베레스트 외원(外原) 대종주 제5일차 숙박지이다. 텡가란 '강가의 마을'을 뜻한다. 롯지라고는 단 두 곳뿐이다. 가이드인 덴징 셀파의 사돈집에서 머무른다. 주인은 20살쯤 된 '펨바 양지'(Pemba Yangzee Sherpa)로 불리는 셀파 족의 수수한 처녀다. 영어 학원을 다녀 글씨도 잘 쓰고, 영국식 영어를 잘 구사한다. 기온이 뚝 떨어지니, 부엌에서 불을 쬐라고 선심을 베푼다. 고마워 기억해 두었다. 제8일차 고쿄 리(픽)을 등정하고 내려와, 고소증세가 채 가시지 않은 상태에서, 고쿄 롯지 여주인과 이야기를 주고받았다(통역 故 朴喆). 3일 전의 일로 필자가 "펨바 양지를 좋아 한다"라고 농을 던지니, 대뜸 자기도 그 처녀를 잘 안다며, "결혼해, 한국에 데려가 살아라!"하기에, 우리 일행은 모두 껄껄 웃고 말았다.
* 힌두는 영어식 발음이다, 힌디(Hindi)가 적확(的確)한 표현이다.
* 2016. 2. 1 추가

31. 초 라에서

-진퇴양난의 여생(餘生)

고개가 틀림없나 거벽 오른 사다리
음흉한 눈빛 보라 상어이빨 내민 빙신(氷神)
뜨거운 양철지붕 위 괭이마냥 난 팔짝

* 쿰부히말에 있으며, 고쿄에서 에베레스트 베이스캠프를 가려면, 반드시 통과해야 하는 고개(Chho La 5,420m)이다. 말이 고개이지, 경사가 심해 고산등정마냥 힘들다. 사다리 같은 눈계단을 하나하나 디디며 올라간다. 동계는 위험하므로 로프 등 암벽장비를 갖춰야 한다. 마루턱에 올라서면 좌측에 상어를 닮은 거대한 크레바스(얼음구멍)가 노려봐 기를 팍 죽이는데, 나아가기도, 물러서기도 고약한 지점이다. 전날 한국에서 가져간 오징어를 먹고 문제가 생겨, 탈진한 상태에서 '죽기 살기'의 각오로 간신히 올랐다.
* 뜨거운 양철지붕 위의 고양이(Cat on hot tin roof) : 미국 극작가 테네시 윌리암스(T. Willims)가 지은 희곡. 현대사회의 모순과 그 속에서 신음하는 인간의 실존의식을 추구하는 내용이 담겼다.
* 2016. 2. 3 주석 수정.

-안나푸르나 베이스캠프 트레킹 4수(1999. 4. 13~4. 24)

32. 초행길 히말라야

눈부신 설봉(雪峰) 아래 청류가 굽이치니
장님 된 보헤미안 신의 발에 입 맞추자
농염(濃艶)한 랄리구라스 초경(初經) 치뤄 뚝뚝뚝

---

* 랄리구라스(Laliguras) : 네팔의 국화(國花)이다. 만병초과에 속하는 교목으로 4~5월에 요염한 핏빛의 꽃을 무더기로 피워낸다. 향은 짙으나 독이 있고, 낙화마저도 일품이다. 네팔의 국조(國鳥)는 히말라야 공작새이다.
* 필자가 생후 처음으로 '신의 땅' 네팔 히말라야를 트레킹하면서 읊은 첫 소감이다.

33. 성봉(聖峰) 마차푸차레

강팔진 근육질과 매서운 눈매 보라
인간은 못 잡으리 꼬리 흔든 금빛 잉어
불현듯 신의 연못에 곤두박질 친다네

---

* 마차푸차레(Machapuchare 6,993m) : 네팔 북부 안나푸르나 산맥 끝자락에 있는 산이다. 두 개의 봉우리는 물고기 꼬리를 닮아, 일명 '피시 테일'(Fish Tail)이라 부른다. 세계 3대 미봉(스위스의 마터호른, 네팔의 아마다브람) 중 으뜸으로 치며, 네팔 인이 가장 신성시하는 산으로, 현재 등반이 엄격히 금지되어 있다. 유일의 미등정산으로 더욱 유명해졌다. 1957년 '지미 로버트'가 이끄는 영국등반대가 정상 50m 앞까지만 등반하고, 바로 물러선 적이 있다. 당시 영국의 식민지였지만, 네팔의 자존심을 한껏 살려주었다.
* 페와딸(Fewa Tal) 호수는 포카라에 있는 담수호로 물이 맑다. 이 호수에 거꾸로 비춰진 이산의 신비스러운 모습은 우편엽서에 찍힐 정도로 유명하다.
* 2016. 1. 17 주석 수정.
* 졸저 한시집 《北窓》 제21면 '희마회고' 참조.

34. 베이스캠프 단상(斷想)-禪詩

신(神)들의 경연장에 집시가 끼어들어
아편에 중독된 듯 '길 없는 길' 가다가
길 잃은 암컷 에티와 운우지정(雲雨之情) 나누다

---

* 안나푸르나 베이스캠프(ABC : 표고 4,130m)에서 보면 안나푸르나 1봉(8,091m), 남봉(7,219m), 강가푸르나(7,454m), 깡사르강(7,485m) 등 고봉은 마치 神들이 경연하는 느낌을 준다. 아! 몽환!
* '길 없는 길'은 경허스님의 말인데, 최인호의 장편소설에도 등장한다. '마음의 길' 혹은 '선(禪)으로 가는 길' 등이 아닐까? 사물을 그 대상 자체로만 보지 말라! 그래야만 '길 없는 길'이 보인다.
* 에티(yetti) : 히말라야에 산다는 전설 속의 설인(雪人)으로 아직 확인된 바 없다.

35. 시스노 풀

잔가시 달린 풀잎 닿으면 따끔한데
끓이면 맛 있는 죽 카레에 쓰인다나
두메 길 신(神)의 땡삐가 반풍수 팔 쏜다오

---

* 네팔, 인도에 흔한 풀이다. 닿으면 벌에 쏘인 듯 따끔하거나, 전기에 감전된 느낌을 준다. 옆에 같이 자라는 쑥을 짓이겨 바르면 통증이 수그러진다. 요리해 먹으면 맛이 좋다는데, 먹어보지 못했다. 두어 번 무심코 스치다 혼이 났다. 산골여행 시 주의가 필요하다.
* 신은 만물에게 양면성을 부여했다.
* 땡삐 : 땅벌의 경상도 사투리.
* 2016. 2. 24 종장 앞 구 수정.
* 2015. 4. 22 추가

-안나푸르나 라운드 트레킹 14수(1999. 10. 8~10. 28)

36. 들머리 마르샹디 강변 따라

나귀 똥 밟고 지나 휘도는 강변 따라
협곡은 스펙트럼 초점 흐린 설산 비경
폭포에 비류(飛流)한 포말 푸른 강시(僵屍) 춤추듯

---

* 베시사하르(Besisahar 760m)는 람중 지역의 행정중심지로, 안나푸르나 라운드 트레킹의 기점(基點 들머리)이 된다. 위로 갈수록 물살이 격해지는 마르샹디(Marsyangdi) 강을 따라 원을 그리며 종착지인 베니(Beni)까지 간다. 산, 계곡, 강이 수시로 교차해, 뭘 먼저 봐야할지 눈이 휘둥그레진다.
* 안나푸르나 회랑(回廊)은 보통 시계반대 방향으로 도는데, 운행거리 약 250km가 넘는 대장정이다. 코스에 따라 다르긴 하지만, 대략 16~22일 정도 소요된다. 히말라야의 뛰어난 트레킹 코스다.
* 강시 : 얼어 죽은 시체.

37. 딸(Tal)과 바가르찹

고개 위 올라서면 탁 트인 회색 강물
길손 눈 사로잡은 산사태 난 매혹 산촌
싸락눈 귓불 때릴 제 숨도 죽인 발걸음

---

* 딸(1,700m : 평원에 있는 촌락이다. 줄곧 산에 꽉 막힌 답답한 협곡만 보고 걷다, 샤트레에서 가파른 고개를 오르면 시야가 탁 트인 이색 지대가 나타나는데, 티베트 풍의 강렬한 회색이 눈길을 끈다.
* 바가르찹(Bagarchap 표고 2,160m) 예전 여행자들이 가장 머물고 싶은 곳이다. 1995년 11월 대규모 산사태로 마을의 3/4이 매몰되었다. 현지인을 포함 여행자 20여 명이 사상을 당했다. 마침 청승맞게 싸락눈이 내린다.

38. 마나슬루 연봉(連峰) 조망

완경(玩景)에 공짜 없다 거목(巨木)에 멱살 잡혀
발밑은 천야만야(千耶萬耶) 잔돌 구른 산허리길
연봉을 줄줄이 꿰고 우쭐대는 촌닭아

* 다나규(Danagyu 2,300m)에서 코꼬(Koto)까지 비탈진 산기슭과 원시림은 길이 가끔 헷갈리지만, 마나슬루 연봉을 감상하기 아주 좋은 구간이다. 차메(Chame)에서 피상(Pisang)까지 협곡의 경관이 뛰어나나, 몬순 기(期)에는 등산로가 훼손되어 돌이 구르는 위험한 곳도 있다.

39. 마낭 고원

산하는 천변만화(千變萬化) 낙원에 들어서면
황금색 벨벳 위로 가물대는 갈 빛 군상(群像)
천리안(千里眼) 디카라 해도 동화책은 못 담아

---

* 마낭(Manang 3,540m) : 소롱 라 넘기 전의 광활한 고원지대이다. 비교적 저지대인 람중(Lamjung)지역과 경계를 이룬다. 전체적으로 포근한 감을 주며 원경이 멋지다.
* 디카 : 디지털 카메라의 축약표현. 고급문장으로 쓰기에는 좀 그렇다.

40. 무명봉을 취함

동공(瞳孔) 좀 당겼더니 출루 봉 코앞일세
아스란 야생나귀 흠칫하면 착시(錯視)겠지
포복한 설표(雪豹)를 잡고 태극기를 날렸지

---

* 안나푸르나 외원종주 중, 제9일차인 1999. 10. 16(토)이다. 표고 4,016m 지점 야크 카르카(Yak Kharka)에서 고소적응을 위해 하루 쉬다가, 무료해 무명봉 하나를 더 오르기로 했다. 출루 3연봉(Chulu West 6,419m, Central 6,250m, East 6,558m)의 앞 조그만 봉우리인데(돌무더기가 있고 눈표범처럼 생겼음), 현지 지도의 등고선(等高線) 상 약 5,000m로 계측(計測)되나, 나의 선토 고도계로는 4,650m로 나타난다. 우리는 왕복 4시간 소요되었으나, 현지인들은 1시간 30분이면 충분하다고 한다. 이날의 등반 가이드인 '앙다와'의 휘파람 소리에, 잿빛 보호색을 띈 12마리의 야생 당나귀 떼가 잠시 놀라 멈칫하다, 금방 시야에서 사라지는 광경은 한동안 지울 수 없는 추억이 된다. 필자는 그간 여러 차례 국외등반을 했지만, 처음으로 태극기를 휘날려 보았다.

41. 준령(峻嶺) 소롱 라–禪詩

구름재 높고 험해 다람쥐도 오보일식(五步一息)
몽롱한 마루턱엔 타루초 펄럭이나
수갑 찬 살불(殺佛) 죄인이 포승줄에 묶여간

---

* 네팔 말로 고개(패스–pass)를 '라'(la)라 한다. 소롱 라(Thorong La)는 외원 코스 중 가장 고도가 높은 5,416m로 트레킹의 백미(白眉)라 할 수 있다. 무척 힘든 만큼 추억도 많은 곳이니, 고산병에 유의하여야 한다. 보통은 고개 밑 소롱 페디(Thorong Pedi)에서 고소 적응을 위해 하룻밤 정도 묵는다.
* 오보일식 : 다섯 발 딛고 한 번 쉼. 그 만큼 힘들다는 뜻(다람쥐는 실제로 살지 못함).
* 타루쵸 : 티베트 불교의 경구를 새겨 넣은 아래위로 긴 네모꼴 깃발. 고개를 넘으면 알 수 없는 마력에 빨려들어 몽롱해진다. 살불살조(殺佛殺祖)! 부처를 만나면 부처를 죽이고, 조사를 만나면 조사를 죽여라! 임제의현(臨濟 義玄 당?~867)의 사자후다. 즉, "관념이 진리의 접근에 방해된다면 과감히 제거하라"라는 뜻이다.

42. 묵티낫트 사원의 황혼

천상의 촌락인가 노을 진 고색(古色)사원
담장 옆 버드나무 신의 전갈(傳喝) 하늘대면
타오른 '신성한 불꽃' 참배객은 합장을

* 묵티낫트(Muktinath 3,760m) : "세상에서 이런 곳도 있구나" 할 정도로 티베트 냄새가 물씬 나는 환상적인 촌락이다. 카트만두의 파슈파티낫트(Pashupatinath)와 더불어 힌두교의 2대 성지다. 네팔 인들의 평생소원 중 하나가, 죽기 전 이곳을 방문하는 것이다. 명소 쫑(Zong)과 '신성한 불꽃' 곰파(사원) 등 볼거리가 많다.
* 자왈라 마이 사원(Jawala Mai Temple) : 땅에서 천연가스가 올라와 영원히 꺼지지 않는 '신성한 불꽃'이 있다. 힌두교의 신 가운데 창조의 신인 브라흐마(Brahma)의 현현(顯現)이라 믿고 신성시한다. 마침 가을이라 버드나무에 샛노란 단풍이 들어 산들바람에 하늘거린다.

43. 하행 길 소감

도열한 설산 뒤로 아슴한 소왕국 길
신천지 열렸으니 황금궁전 보였겠지
꿈 깨라 욕심꾸러기 소금이면 족하리

* 무스탕(Mustang) 왕국 : 많은 전설을 간직한 티베트와 접경한 네팔 오지의 소왕국으로, 지금도 자치권이 인정되고 있는 '마지막 은둔의 땅'이다. 1992년 개방되었으나, 현재 소수의 사람만이 최고의 트레킹을 하고 있다. 소금, 곡식, 양털 등의 교역로로 이용되었으며, 그 옛날 소금 값으로 황금을 지불하고, 모든 집을 황금으로 지었다는 '믿거나 말거나'하는 전설이 담긴 미지의 세계다. 가그베니(Kagbeni 2,800m)가 관문이다.

44. 좀솜의 비행장과 닐기리 연봉

아득히 부호 찍고 날아간 청둥오리
저 맑은 수정 연봉 가지런한 프리즘
굴절된 지난 세월에 무지개꽃 핀다오

---

* 좀솜(Jomsom 2,710m) : 안나푸르나 일주 코스의 서쪽 절반에 해당하는 지점이다. 교통이 발달된 큰 촌락인데, 비행장이 있어 푼힐, 포카라 등 여러 방향으로 접근과 탈출이 용이하다. 여기를 기점으로 해서 묵티낫트까지 갔다 오는 짭짤한 트레킹은 '애플파이 트레킹'이란 애칭이 붙은 인기 코스다. 구름 한 점 없는 이른 아침 비행장 상공에 정적을 깨며 이륙하는 경비행기와, 멀리 점점이 사라져가는 청둥오리 떼가 묘한 대조를 이룬다.
* 닐기리 연봉 : 닐기리 북봉(Nilgiri North 7,051m) 동 중앙봉(Central 6,940m) 동 남봉(South 6,839m)이 나란히 연결된 봉우리 셋으로, 지도에서 보면 프리즘 세 개를 세로로 정렬해 놓은 느낌을 준다. 정상부위가 무척 희고 단정하다. 굴곡진 지난 삶에도 한때는 무지개가 보였겠지?

45. 회색지대 깔리간다키 강

끝없는 잿빛 흐름 하늘에서 흘러내려
옥(玉)이 운 자갈톱과 모래 섞인 맞바람에
쾡하니 사형수마냥 통태눈을 뜬다오

---

* 깔리간다키 강(Kali Gandaki. R－여신의 강) : 외원 서쪽 코스는 이 강변을 따라 나있다. 강폭이 넓고, 유속이 완만해 마치 평야처럼 보인다. 자갈밭이 한없이 펼쳐져 있고 하류 일부를 제외하고는, 물길이 여러 갈래로 나뉘어져 개천같이 흐른다. 모래가 섞인 맞바람이 거세 눈을 바로 뜰 수 없다. 마스크를 쓰든지 얼굴가리개를 해야 한다. 이백은 그의 시 장진주(將進酒)에서, 중국의 황하(黃河)는 '하늘에서 흘러내리는 물'이라 읊었는데, 이 강은 지옥에서 흐르는 걸까?

46. 마르파의 애플브랜디와 마니차

목젖에 미녀 구른 달콤한 마구니 술
대취(大醉)한 오디세우스 마니차 돌리다 만
뇌깔인 '옴마니반메흠' 설산에 친 메아리

---

* 마르파(Marpha 2,600m) 한국 사과처럼 물이 많고 맛있는 사과의 명산지다. 여기서 생산되는 애플브랜디는 40도가 넘는 독주인데도, 입안으로 부드럽게 넘어가 향이 좋다. 값도 저렴한 네팔 최고의 명주이나, 많이 마시지 않도록 권한다. 북에서 남으로 내려가는 사람은 강한 맞바람을 맞는데, 장시간 걷다보면 눈이 따갑고 몸도 지친다. 심할 때는 모자도 날려 보내므로 조심해야 한다. 이 때는 나도 잠시 희랍신화에 나오는 '오디세우스'(Odysseus)가 된다.
* 마니차(manicha) : 진언(眞言)은 원래 해석을 하지 않는다! 불교의 기도문 '옴마니반메흠'(연꽃 속의 보석이여 영원하소서! 또는 연꽃 속의 진리)을 돋을새김으로 새겨 넣은 원통이다. 보통 마을입구에 몇 개에서 많게는 수십 개가 긴 담장을 따라 세워졌다. 이 회전통을 돌리는 행위를 '신에 대한 기도'로 간주한다. 지나칠 때에는 반드시 왼쪽으로 가야한다. 위 진언(梵語)을 제대로 발음하면 "옴 마니 파드메 훔"이다.

47. 천하제일 계곡

심연(深淵) 속 눈먼 중생 구름계곡 걷는 희열(喜悅)
신(神)들과 이별잔치 뚱바 향 그윽하니
고행(苦行)길 끝자락에서 무슨 정한(情恨) 남으리

---

* 툭체(Tukuche 2,590m)에서 깔로빠니(Kalopani 2,530m)까지 약 15km는 수직수치로 따진다면, 이 세상에서 가장 깊은 계곡이다. 평균 해발 2,500m 내외인데, 서쪽의 다울라기리(8,167m)와 동쪽의 안나푸르나 주봉(8,091m) 사이에 놓여있으니, 그 높이는 어림잡아도 5천 미터가 넘는다.
* 레떼(Lete 2,480m) : 세 방향에서 조망하는 설산의 위용은 장관이다. 동으로는 안나푸르나 연봉, 틸리초 픽(7,134m), 닐기리 연봉, 서쪽으로는 다울라기리 연봉, 북으로는 툭체 픽(6,930m), 댐푸스 픽(6,012m) 등이 손에 잡힐 듯 들어온다.
* 뚱바(tongba) : 네팔 세르파 족의 전통 민속주다. 조 비슷한 붉은 기장(고또)으로 만드는데, 5~6도 정도. 산모에게 좋으며 혈액순환에도 효과가 있는 것으로 알려져 있다. 약간 시큼한 맛을 내는데, 즉석에서 발효시켜 대나무 대롱으로 빨아 마시는 게 매력이다. 이 밖에도 럭시, 창 등의 술이 있다.

48. 룩시사하르에서 따또파니까지

비산(飛散)한 폭포수엔 여신이 손 흔들고

사바(娑婆)는 낙조인데 황금가루 날린 설산

온천에 삼독(三毒)을 푸니 열구자탕(悅口子蕩) 생각나

---

* 룩시사하르(Ruksichara 1,600m) : 길옆 높이 100m 가까운 티트레(Titre) 폭포가 분수를 토하는데, 비산한 포말이 길손을 시원하게 해준다. 공교롭게도 좁은 출렁다리에 흘레붙은 밉상스런 개를, 지나가는 말이 못 마땅한지 슬쩍 걷어차자 "낑"하는 무안스런 장면을 목격한, 모 여자 트레커는 얼굴이 벌게진다.

* 따또파니(Tatopani) : 지명이기도 하지만, 보통명사로 쓰일 때에는 그냥 '따뜻한 물'을 뜻한다. 같은 이름의 동네가 네팔에 여러 군데 있다. 찬물은 치소파니(Chisapani)라 한다. 이 지명도 마찬가지로 많다. 여정(旅程)이 거의 끝나는 표고 1,190m 지점에 온천이 있다. 깔리간다키 강 옆 노천탕이 두 곳 있는데, 위는 열탕, 아래는 온탕이다. 힌두교도(옷으로 알 수 있음)에게는 입욕료를 받지 않는다. 종착지 베니까지는 하루 내지 이틀이 더 걸리는데, 동네에 접어들므로 볼거리가 없다.

* 열구자탕 : 신선로(神仙爐)에 여러 가지 어육과 채소를 넣고 석이버섯, 호두, 은행, 황밤, 실백, 실고추 따위를 얹은 다음 장국을 붓고 끓이며 먹는 음식(어학사전). 요즈음 먹기 대단히 어렵다.

49. 따또파니의 당나귀

한 때는 등짐 지고 신나게 일했지
앙상한 뼈마디에 절뚝거린 늙은 나귀
성쇠는 유전(流轉)하는 겨 무상할 손 인간사

---

*1999. 10. 22(금) 07 : 32 늙고 병든 나귀 한 마리가, 짐을 싣고 방울소리를 내며 힘차게 출발하는 나귀 무리를 한참 동안 물끄러미 바라보다, 절뚝절뚝 절면서 자기 거처로 되돌아간다. 그 모습이 마치 왕년에 열심히 살았지만, 지금은 쓸모없는 인간으로 전락해버린 내 자신의 처지라 여겨, 무척 처량해 보였다.
*2015. 4. 22 추가

춘란 翠蓋

왕손의 후예일까 앙증맞게 피는 난초
영리한 토끼 마냥 깡충깡충 뛰는 애교
분내 난 혓바닥 아래 감춘 듯이 달콤함

제3부

타이완, 인도네시아, 필리핀, 말레이시아 일본, 베트남, 중국(41수)

타이완 2제(1999. 4. 1~4. 5)

50. 옥산(玉山) 훔쳐오기

티 없이 맑은 백옥 대만의 보석인데
다가서면 작아지고 물러서면 커지기에
엉큼한 이방산적(異邦山賊)이 보자기에 싼다오

---

* 옥산(3,992m) : 국가공원으로 지정된 대만의 최고봉이다. 특유의 희귀한 고산식물이 많으며, 옥처럼 아름답다 하여 붙여진 이름으로, 해돋이가 환상적이다.
* 백옥무하(白玉無瑕) : 백옥에 티가 없다는 뜻으로, '조금도 결점이 없는 사람'을 비유하여 이르는 말.
* 산속의 도적은 치기 쉬워도, 마음속의 도적은 파하기 힘들다(山中賊易破 心中賊難破)-王陽明).

51. 태로각(太魯閣) 협곡

고요는 토해내고 격정은 삼켜버린
무명초(無名草) 흰 대리석 물안개 핀 녹옥(綠玉) 협곡
깨달음 번뇌조차도 거품으로 사라진

---

* 천상(天祥)부터 화련(花蓮)까지, 약 20km에 이르는 푸르고 격한 U자 형의 대만 제1의 아름다운 협곡(峽谷)이다. 2억3천만 년 전 산호시체 등에 의하여 탄생되어, 8천만 년 만에 흰 대리석으로 변했다. 이름 없는 풀(실은 고유종) 나비 등이 눈길을 사로잡는 천변만화의 신비한 계곡이다.
* 무명초 : 머리카락을 이름. 잘라내도 또 자라는 '인간의 번뇌'를 비유한다.

인도네시아 4제(1999. 6. 22~6. 29)

52. 린자니 산정의 깃발

새벽녘 오름길엔 랜턴 빛 반짝여도
수 만길 화구벽은 오금 저려 발 못 떼
산상에 펄럭인 깃발 속절없는 백자경(白子經)

* 린자니 산(Gunung Rinjani 3,726m) : 인도네시아에서 두 번째 높은 휴화산으로, 롬복 섬의 4만 헥타르를 국가공원으로 지정했다. 등산로는 보통 셈바룬 라왕에서 올라, 세나루로 하산한다. 야영지인 표고 2,600m 지점의 팔라완가 2포인트(그 아래 200m 지점에서 귀중한 물을 구할 수 있음)에서, 일출을 노려 헤드랜턴을 켜고 새벽에 오른다. 가파른 푸석돌길이라 미끄러지기 일쑤인데다, 오른 쪽 아찔한 낭떠러지에 자꾸 신경이 쓰여 오금이 저리다. 정상은 그야말로 일망무제(一望無際)이나, 흙이 무르고 협소해 조심해야 한다. 힌두교도들이 신성시 해 달아놓은 흰 천이 펄럭인다.
* 백자경(또는 無字經) : 글을 넣지 않은 경전. 즉 '마음으로 읽는 경전' 아닐까?
* 2016. 3. 10 종장 전구 수정.

53. 세나루 하산과 온천 정경(情景)

짐꾼의 휘파람은 하산 길 재촉하나
뜨거운 유황온천 번뇌 푸는 명약이라
인간은 육근(六根) 데우나 원숭이는 뭐 데워

---

* 란자니 산의 정북 쪽 하산 루트로, 구릉을 지나 밀림지대로 하산한다. 아낙호수로 가는 도중 순수 유황온천이 상하로 굴곡(屈曲)진 계곡을 형성하고 있는데, 사람이 미치지 않는 높은 곳에는 원숭이들이 목욕을 하고 있고, 우리는 밑에서 몸을 풀거나 멱을 감기도 했다. 원탕(原湯)은 꽤 뜨거운데, 황톳물처럼 탁하고 미끌미끌하다.
* 육근 : 사람의 미혹(迷惑)을 생기게 하는 여섯 가지 근원(佛). 곧, 안(眼) 이(耳) 비(鼻) 설(舌) 신(身) 의(意).

54. 아낙 호반야영(野營)

화구(火口)엔 뽀얀 연기 유황내 스민 세풍(細風)
관음(觀音)이 잠든 취호(翠湖) 남십자성(南十字星) 내려앉고
한기를 쫓는 모닥불 이국정담(異國情談) 활활 타

---

* 세가라 아낙(Anak) 호수 : 린자니 산을 둘러싸고 있는 초승달 모양의 분화구 호수인데, 호반에서 막영(幕營)하는 정취는 일생 지울 수 없는 추억으로 남는다. 이 푸른 호수[翠湖] 안에는 또 하나의 붉은 색이 감도는 구눙바루(Gunung Baru)라는 앙증스런 기생 활화산이 흰 연기를 내뿜는다. 달은 휘영청 밝고, 수면은 마치 수월관음(水月觀音)이 누워있는 것처럼 고요하다. 남십자성은 남반부에서만 볼 수 있는 별자리이며, 열대지방이라도 밤에는 으스스 춥다.

55. 브로모 화산

외벽은 회색 요철(凹凸) 푸른 빛 가시어도
화구서 뿜는 온기 미골(尾骨)까지 흐른다네
조선의 막사발처럼 다정하게 다가온

* 브로모(Bromo 2,329m) : 자와(Java) 섬 중앙에 있는 활화산. 외벽은 화산재로 덮여 쭈글쭈글하고 마치 잿빛사발을 엎은 모양인데, 재로 인해 식물이 전혀 자라지 못하고 있다. 따뜻한 기가 스며들어 몸에 좋다고 함. 칼데라 안에는 직경 12km 가량의 모래바다(sand sea)가 펼쳐지며, 그 입구에 고색창연한 힌두사원이 있다.
* 직경 10km가 넘는 큰 분화구를 칼데라(caldera)라 함.

필리핀 10제(1999. 11. 12~11. 21)-마욘 화산 3수

56. 대칭의 묘(妙)

절묘한 어깨 대칭 팔등신 푸른 미녀
짜증을 부리는가 용요름 친 가스 트림
검게 탄 용암자국 일획(一畫) 백옥의 티 아니오

---

* 마욘(Mayon 2,462m) : 필리핀을 대표하는 원추형의 활화산이다. 동남아 '최고의 미인'이라 할 만큼 좌우대칭미가 완벽하다. 1993년 폭발 당시 미처 피하지 못한 주민 70여 명이 사망했다. 2000년 2월 24일 5차례에 걸쳐 폭발하면서 용암이 분출, 인근 주민 1만6천여 명이 대피했다. 2009년 12월 다시 폭발설이 있어 주위 10만 여명의 대피설이 나돈 '악마의 입'이다. 티엔씨여행사의 채경석 이사는 '루손섬의 영웅'이라 칭찬한다. 필자가 등산할 당시는 상공에 흰 연기만 감돌 뿐 잠잠했다(1999. 11. 13~14).
* 원래는 옥에 티가 있는 게 더 아름다워 보인다. 완벽한 사람보다 결점이 조금 있는 사람이 더 좋듯.

57. 사탄 눈(目) 소묘(素描)

산기슭 야자림은 은빛 낭화(浪花) 피어나니
활인양 검은 만(灣)에 진주모래 반짝이니
소묘는 어림없겠지 이글이글 타는 눈

---

* 화산이 소재하는 레가스피 시 동남쪽에 마치 활처럼 굽은 초승달 모양의 알바이 만(Albay Gulf)은 검은 모래, 검은 파도로 유명한 휴양지로, '산토도밍고' 구역이 명소이다.
* 카푼투칸 언덕(Kapuntukan Hill) : 위의 시 '케손'거리를 따라가다 부두에서 500m 떨어진 마치 소가 누운 것처럼 생긴 높이 약 50m 언덕. 시(市), 만, 화산의 전경(全景)을 볼 수 있는 전망대. 중심가에서 걸어가도 30분이면 족하다. 우리는 마욘 산 정상에 오를 수 없기에, 유감이지만 화구를 보지 못한다.

58. 악마의 잔재(殘滓)

쇄설물(瑣屑物) 촌락 덮쳐 폐허된 피난 교회
종루 위 나무뿌리 사탄이 뒤엉키듯
세월은 내 울대뼈를 칭칭 감고 오르네

---

* 가그사와(Gagsawa) : 레가스피 시 외곽(지프니로 20분 걸림) 촌락. 1814년 2월 화산쇄설물(바위부스러기 등)이 마을을 덮쳐, 사람들은 교회로 피신하고 폐허로 변했다. 100년 후 1914년 2월 발굴해 성지로 지정된 중세시대의 교회다. 종루를 휘감아 덮은 회색 나무뿌리가 징그럽게 뒤엉켜 세월의 무상함을 말해준다. 들소와 어울린 황금들판 위, 마욘화산의 정경은 우표와 엽서에 찍힐 정도로 뛰어나다.

-피나투보 화산 3수

59. 신(神)은 공평

화산재 덮쳐오니 저주를 퍼부어라
야자 숲 더 푸르고 못난 고원(高原) 외려 절승
그래서 신은 공평해 하나 뺏고 하나 준

* 피나투보(Pinatubo) 화산 : 마닐라 남서쪽 80km 지점에 있는 화산이다. 600년간 휴화산으로 있다가, 1991년 6월 다시 폭발했다. 높이 1,745m의 정상부 중 300m 가량이 통째 날아가 버려, 당시 사람들이 "지구의 종말을 본 것 같다"는 엄청난 규모였다. 이로 인해 지구상에 기상이변이 있었고, 화산재가 태양을 가려 작물이 냉해를 입어 그해 수확이 급감했다. 미국의 클라크 공군기지도 폐쇄되었으나, 야자림이 무성한 인근의 앙헬레스는 '밤의 도시'로 더욱 유명해졌다.

60. 영욕무상(榮辱無常)

파괴가 창조 낳은 순환의 묘(妙) 터득했지
분칠한 계곡 절벽 하늘폭포 빼어나나
세월이 쌓인 녹태(綠苔)엔 영욕 또한 무상타

* 화산재가 꼭 나쁜 것만은 아니다. 피나투보 화산 폭발로 인해 비경 라하르(Lahar) 계곡이 형성돼, 20m 이상의 절벽을 만들어 초록이끼가 생성되기 시작하고 계류도 맑다. 이 인상적인 지형 안에는 특이한 미로가 발달해, 자칫하면 몇 시간을 헤매게 된다. 계곡 끝점 30m 높이에, 30m 쯤 하늘에 매달린 듯 현곡(懸谷)폭포는 기관(奇觀)이다.
* 세월이 지나고 나면, 인간의 영욕도 마찬가지 아닐까?

61. 앙헬레스의 미련

흑장미 요염하랴 환락 밤 앙헬레스
입술은 가무잡잡 구미 당긴 이방 처녀
연잎 위 맺힌 물방울 한 맴돌아 더 멋져

---

* 비율빈 트레킹 제6일차이다. 피나투보 화산 약식 트레킹 후, 관광도시 앙헬레스(Angeles) 시 스와그만(Swagman)호텔에서 쉬었다. 아르바이트로 일하는 호비 안체따(Jovy Ancheta)란 미모의 여대생(당시 18세)과 잠시 사귀고, 귀국 후 편지도 받았다. 할머니가 스페인계라 콧날이 우뚝 선 서구형의 예쁜 얼굴인데다, 매우 상냥해 연정을 품을 만하나, 끝까지 국제신사의 품위를 지켜 여운이 더 아름다웠다. 연잎에 맺힌 영롱한 물방울은 건드리지 않아야 오래 볼 수 있다. 한편 아쉽게도 앞서 제3일차 레가스피(Legaspi 영) 시(市) 마가욘 호텔에서 안마를 받을 때, 상대는 좀 진한 것을 요구해왔으나, 점잖게 거절한 것은 세월이 지나고 보니, "너무 차가운 행동이었다"라며, 씁쓸하게 웃음 짓는다. 인생은 수유(須臾)인 것을…
* 이참에 이백의 春夜桃李園序(춘야도리원서) 첫 구절을 읊어본다. 夫天之者 萬物之逆旅 光陰者 百代之過客. 而浮生若夢 爲歡幾何 古人秉燭夜遊 良有以也.(부천지자 만물지역려 광음자 백대지과객. 이부생생약몽 위환기하 고인병촉야유 양유이야) 무릇 천지라고 하는 것은 만물의 여관이요, 세월이라고 하는 것은 영원히 지나가는 길손이다. 부평초 같은 인생 꿈과 같으니, 즐거움이 되는 것이 얼마나 되는가? 옛사람이 손에 촛불을 밝혀든 채 밤에 유유자적하였음은 참으로 까닭이 있었다(고문진보 후집 序類).
* 2016. 2. 1 추가

-타알 화산 2수

62. 타알 화산

가스는 몽실몽실 마력(魔力) 뿜는 화구호
물보라 가른 뱃길 순풍은 단꿈 재촉
은연중 우렁각시와 한나절을 살다니

---

* 타알 화산(Taal Vocalno) : 필리핀 남쪽 60km 지점. 표고 600m의 타가이타이(Tagaytay)가 트레킹 기점인데, 여름철 피서지로는 '바기오' 다음으로 유명하다. 호수면적은 동서 약 46km, 남북 약 112km의 대 칼데라 안에 있는 타알 섬(높이 300m)의 호수만도 30평방km이다. 내륙호수 중앙에 폭발하여 솟아오른 화산으로, 호수 안에 또 호수가 있는 기이한 모습이다. 흡사 우렁이 알집에 우렁이 닮은 어린 알이 모여 있는 형상이다. 주화구(主火口)는 배로 편도 30~40분 정도 걸리며, 화산섬에서 도보로 왕복 2~3시간 소요된다. 구 분화구(1911년 폭발 호일(湖溢)로 1,300명 죽음)와 신 분화구(1965년 폭발, 500명 사망) 두 곳 있는데, 지금도 연기를 내뿜는다.

63. 순가이 전망대

야자숲 물들이는 해거름 황금노을
기우뚱 산허리에 엎질러진 타알 호수
앗싸아 내복에 없는 흑진주를 취했어

---

* 순가이(Sungay) 산은 '타알 화산'을 조망하는 최고의 전망대로, 열대풍의 연노랑 황금노을이 일품이다. 탈리사이(Talisay) 시내 중심가에서 동쪽 10km 지점이다.
* 비니티앙 말라키(Binitiang Malaki) : 타알 호수 내에 있는 흑진주처럼 생긴 둥글고 아담한 분화구. 유감스럽게도 중앙에 호수가 없어 찾는 사람이 없으나, 외관은 타알 섬을 능가한다.

-바나우웨 2수

64. 라이스 테라스

-천국의 계단

하늘 위 솟았으라 가지런한 다랑이
천수(天水)는 거짓 없어 실금으로 쌓은 묘탑(妙塔)
등고선(等高線) 하도 조밀해 핀셋으로 못 집어

---

* 바나우웨(Banaue) : 마닐라에서 340km 떨어진 편도 9시간 이상 걸리는 루손 섬 북단의 오지다. 라이스 테라스(Rice Terrace)는 산을 깎아 만든 '계단식 논'으로 높이 1,500m. 끝에서 끝까지 펴면 지구 반 바퀴를 도는 길이로, 세계 8대 불가사의로 일컬어진다. 2천년 전 원주민 이푸아고(Ifuago) 족이 신에게 바치는 공양으로 '천국으로 가는 계단'을 만들었다는 설화가 있으며, 빗물[天水]의 자연스런 흐름과 낙차를 이용, 현대과학을 능가하는 완벽한 수리(水利)혜택을 보고 있다. 트레킹 코스도 개발되어 있고, 대표적인 명소는 절구모양의 '바라트 라이스 테라스'다. 위에서 조감(鳥瞰)해 보면 지도의 등고선마냥 정교하고, 위로 쳐다보면 탑처럼 멋지다. 힘들지만 꼭 찾아가 보기를 권한다.

65. 뷰 포인트와 부룰 신상(神像)

안개비 전망대에 모델 된 할매 둘
오(五) 페소 동전 두 닢 찰까닥 팔린 영혼
깍지 낀 쌀 신 조각상 나락 한 잎 물려져

---

* 뷰 포인트 : '본톡' 가는 방향으로 4km. 트라이시클로 20~30분 걸리는 거리인데, 여기서 보는 라이스 테라스는 절경으로 사진 찍기 아주 좋은 장소다. 두 번 찾아갔으나, 안개비 때문에 조망을 할 수 없어 우울했다. 관광책자에도 소개된 바 있는 현란(絢爛)한 민속의상을 입은 이푸아고 족 할머니 두 분이 약간의 팁을 받고 촬영에 응한다. 1페소(필리핀 화폐단위 peso)는 약 25원에 해당.
* 부룰(Burul) : 이푸아고 족의 '쌀의 신'(米神). 매년 수확이 끝나면 남신 여신상을 나무로 깎아 만든다. 마치 사후세계를 동경하는 듯 묘한 표정을 짓고 있다.

말레이시아 2제(제1차 1999. 4 .30~5. 5. 제2차 2000. 5. 5~5.10)
-키나발루 산 2수

66. 키나발루 일출

반짝인 자수정에 돋을별 쏟아지면
하늘댄 은(銀) 실루엣 지평선 뒤 사라지고
못 이룬 소망덩어리 대양으로 침잠(沈潛)한

---

* 키나발루 산(Gunung Kinabalu 4,101m) : 말레이시아에서 제일 높은 산이다. 보르네오 섬 사바 주 중북부 크로커 산맥 끝자락 평야에서 불쑥 솟아올랐다. 150만년 된 검은 화강암덩어리(산괴-山塊)로, 1851년 영국인 총독 휴 로우(Low) 경이 처음 올라, '로우 픽'이라 한다. 햇볕에 반사되면 꼭 설산처럼 반짝여 착각을 일으킨다. 일출시 정상에서 조망되는 해안선 실루엣은 정말 황홀하다. 중도퇴직의 한을 달래려고, 필자가 국외등반을 계획해 첫 훈련대상지로 삼고, 1999. 4. 30~5. 5 제1차 등정했다. 산이 좋아 2000. 5. 5~5. 10 다시 갔다. 2차 때는 고소증에 시달려 힘들어 한 형처(荊妻)도 함께 올랐다.

67. 기화요초(琪花瑤草) 사랑

로우 경 잠이 덜 깨 손등으로 눈 비빌 때
낙타 혹 남봉 타고 왕자 행세 해봤더니
아양 떤 기화(琪花) 공주들 사타구니 속으로

---

* 코타키나발루 산 제2차 등반 시, 정상에서 내려오다가 사람들이 잘 가지 않는 낙타 혹처럼 생긴 남봉(south peak 3,981.6m) 마저 올라, 나는 페르시아 왕자가 된다. 이산 일대는 세계에서 가장 풍부한 꽃이 자라는 식물의 보고이다. 지상에서 제일 큰 꽃인 '라플레시아'(지름 45cm, 무게 2kg)는 코타키나발루를 상징하는 꽃이다. 제일 작은 난초 '포초칠루스'는 이끼에 붙어살며 흰 꽃이 피는데, 이를 보려면 확대경의 도움이 필요하다.

일본 12제-야리가다케 2수(1999. 7. 24~7. 28)

68. 무사(武士)의 창

상투 튼 사무라이 뱁새눈 치켜뜨고
쇠난간 스친 바람 왜나막신 끄는 소리
뾰족한 죽창부리는 내 심장을 겨누고

* 야리가다케(槍ヶ岳 3,180m) : 일본 중부국립공원에 있으며, 오꾸호하다까다께(3,190m) 다음으로 높은 산이다. 쇠 난간이 설치된 꼭대기는 창끝처럼 뾰족하고 위엄이 있다. 산세는 게다(하태-下駄)를 신은 무사의 부릅뜬 눈을 닮았으며, 조망과 바람소리가 하도 좋아 아침저녁 두 번 오르내렸다.

69. 금간 암릉길

낙석(落石)은 어쩔거나 난 방패 없는데
줄줄이 금이 가는 하산객의 푸른 간담(肝膽)
아찔한 내리막길에 사고(四苦)뭉치 구르네

---

* 남악(南嶽)에서 키다호다카다케 사이에 경사 50도 이상의 급경사 암릉구간을 대 기레토(균열길)라 한다. 돌이 많이 구르고 위험하므로 조심해서 운행해야 한다.
* 사고(四苦) : 사람이 평생 동안 겪는 생로병사(生老病死)의 네 가지 괴로움.

-오쿠호다카다케 2수(제1차 1995. 7. 28~7.31, 제2차 1999. 7. 24~7. 28)

70. 용의 부복(俯伏)

병풍암(屛風岩) 안고 돌면 만병초(萬病草) 흐드러져
어지럽 사라지고 장다름 길 절로 열려
금비늘 돋은 붉은 용 다소곳이 엎드려

---

* 오쿠호다카다케(奧穗高岳 3,190m) : 일본 북알프스 최고봉으로, 옛 이름은 히타(飛彈)산맥이다. 북알프스 산군(山群) 중에서도 이 봉우리를 중심으로 경관이 뛰어난 산들이 집중돼 있어, 수도인 도쿄(東京)의 번화가 이름을 따 '북알프스 긴자(銀座)'라 부른다. 꿈틀댄 낙조 산릉(山稜)은 금빛 찬란하다.
* 병풍암 : 요코다니(橫尾谷) 왼편에 있는 대암벽이다. 단일암장으로는 동양최대이자, 최고높이 2,565.4m에 달하며, 등산로를 따라 줄곧 보인다.
* 장다름(gendarme 佛) : 탑처럼 뾰족한 바위봉우리 무리를 말한다. 호위병 또는 경찰관의 뜻이 있다. 니시호다카다케(西穗高岳 2,908.6m)에서 부터, 이 봉우리까지 구간의 별칭이기도 하다.

71. 하동교(河童橋) 일우(一隅)

비온 뒤 초록 냇물 희뿌연 물안개여
부서진 은빛 물살 어른거린 하동(河童) 한 쌍
무지개 목교(木橋) 위에서 신명난 듯 더덩실

* 하동교(갓바바시) : 일본 북알프스의 등반거점인 카미코지(上高地)에는, 짙은 초록빛을 띤 맑은 개천 아즈사가와(梓川)가 세차게 흐른다. 비온 뒤 물안개가 피어오르는 모습은, 마치 전설상의 소년소녀 한 쌍이 이 나무다리 위에서 춤을 추는 것처럼 보여 황홀하기까지 하다.

-다테야마(立山) 가는 길 2수(1999. 6. 11~6. 14)

72. 고원의 원경(遠景)

톱니차 타고 오른 천상의 비취 정원(庭園)
브이(V) 형 암수 폭포 포옹하다 꼬꾸라져
고원(高原)은 큰 원추리꽃 황금 해일(海溢) 일으켜

---

* 일본의 알펜루트는 다테야마 역에서 출발한다. 지하 궤도열차를 타고 오르면, 산상 정원 비죠다이라(美女平)가 맞이한다. 무로도(室堂)가는 거점인데, 고원버스를 타 절경을 보며 신나게 달린다.
* 쇼묘다키(稱名瀑) : 좌우대칭의 아름다운 폭포로 낙차 350m에 이름.
* 무로도 고원 : 광활하게 펼쳐진 고원지대로, 기화요초 억새 낙엽 등이 철마다 장관을 이룬다. 때마침 여름이라 원추리꽃 무리가 황금물결을 일으킨다.

73. 무로도(室堂) 설경(雪景)

눈 낭하(廊下) 아슬아슬 설마 하늘 무너지랴
약수 맛 일품인데 청차완(青茶碗)에 담긴 연못
도립(倒立)한 검은 골리앗 팔매질에 넘어져

---

* 무로도(室堂) : 다테야마(立山) 관광의 거점이다. 평원으로 약수, 못, 지옥곡 등 볼거리가 무수하다. 입구의 눈복도는 높이 20m가 넘는 경우도 있는데, 그 사이로 차들이 아슬아슬하게 빠져나간다.
* 다마도노 약수(玉殿の湧水) : 무로도 터미널 옆 약수터다. 물맛이 기막힌 일본 제1의 청수(淸水)이다.
* 미도리가 연못 : 지옥곡 옆 아담한 청록 빛 연못이다. 청자 차사발을 닮았다. 여기에 거꾸로 비춰진 다테야마 연봉의 검은 물그림자는 실로 웅장하다. 가볍게 띄운 물수제비 한 장에, 그 큰 산이 우르르 무너져 내린다.

-다테야마 명승 3수(1999. 6. 11~6. 14)

74. 웅산(雄山)의 기상

말 잔등 설릉(雪稜) 위로 앞발 쳐든 검은 곰
무사의 아들이라 살기가 등등 터니
하찮은 마늘냄새 땜 꽁무니를 빼다니

---

* 오오야마(雄山 3,003m) : 다테야마(立山) 지구 최고의 명산이다. 일본국립지리원에서 세운 1등 삼각점과, 백엽상(百葉箱) 그리고, 신사(神社)가 있는 일본의 3영산(靈山) 중 하나로, 기상이 당당하다. 우리 마늘냄새가 그리도 독한가? "조센징! 닌니쿠 쿠사이!" 오난지야마(大汝山 3,015m), 벳산(別山 2,880m)과 함께 '다테야마 3산'이라 칭한다.

75. 뇌조(雷鳥)와 눈잣나무

백설 위 초록더미 점점이 찍힌 선혈
빨간 순 쪼다말고 비상하는 들꿩 한 쌍
뇌성이 휘몰아 칠 때 사랑노래 하려뇨

* 뇌조(들꿩) : 빙하시대부터 생존해온 가장 오래된 새이다. 뇌성이 칠 때 나타난다 한다. 보호색을 띄고, 수컷의 벼슬은 붉다. 도야마(富山)현(縣)의 상징으로 입산(立山)에 300마리 정도 살고 있는 것으로 추정한다. 일본의 천연기념물로 엄격히 보호한다. 겨울에는 눈잣나무의 빨간 새순을 주식으로 한다. 상록인 눈(누운)잣나무 군락 역시 눈(雪)과 멋진 색조(色調)를 이룬다.

76. 지옥곡 유황탑과 구로베 댐

화산이 방귀 뀌지 구린내 난 지옥곡(地獄谷)
순금빛 유황탑을 돌부처 매화(梅花)라나
배 갈라 세속의 똥을 청호(淸湖)에다 씻으리

---

* 짙은 유황연기를 내뿜는 구린내 나는 지옥곡에는 꽤나 볼거리가 있다. 유황탑은 분출공(噴出孔)에서 뿜어낸 연기 중, 유황만 고형(固形)으로 남아 꼭 누런 똥이 계속 쌓인 것처럼 특이하다.
* 매화 : 임금이나 부처의 똥을 이름.
* 구로베(黑部) 댐(호수)은 입산 동쪽 구로베 강 상류에 있는, 맑고 푸른 일본 최대의 댐(높이 186m, 저수량 2억 톤)으로 유명한 관광지다. 입산 밑으로 터널이 뚫려있다.

-대설산(大雪山) 3수(1999. 9. 17~9. 20)

77. 흑악추색(黑岳秋色)

출렁댄 물결일까 북해도 함석지붕
칠부능(七部稜) 침엽수림 안개 맴돈 분화구
흰 산에 농묵(濃墨) 번짐도 홍엽(紅葉) 앞에 멈춰서

* 대설산(大雪山 2,290.3m) : 일본의 국립공원으로, 북해도의 지붕이라 일컫는다. 6억6천5백만 평의 어마어마한 산군(山群)으로, 주봉은 아사히다케(旭岳, 1등 삼각점)이다. 정상에서 바라본 산파도, 구름, 안개는 일대 장관을 이룬다. 2,000m급(본토의 3,000m 급과 맞먹는다) 이상의 봉우리만 20개이고, 고산식물의 분포가 다양하다(총 640종). "높이로 말하려면 후지산(3,776m)을 이야기 하고, 넓이로 말하려면 대설산(다이세츠잔)을 이야기 하라!"는 세평이 있듯, 단풍도 일본 제일을 자랑한다.
* 구로다케(黑岳 1,984m) : 원래 온천악, 금악, 금물악 등으로 불렸으나, 짙은 숲색으로 인해 온천지구에서 보면 '산이 검게 보인다' 하여 이름이 바뀌었다. 이 산을 높이로 10등분 한 합목(合目-우리말로 몇 부 능선) 중, 5합목(고고메)까지 케이블카가 오른다. 7합목부터 울창한 침엽수림대가 형성되었다.
* 단풍 명시 한 수 소개 : 遠上寒山石徑斜(원상한산석경사) 白雲生處有人家(백운생처유인가) 정차좌애풍림만(停車坐愛楓林晩) 霜葉紅於二月花(상엽홍어이월화) 멀리 늦가을 산 오르니 돌길은 비껴 있고/흰 구름 있는 곳에 인가가 보이네/수레를 세워 앉아 늦단풍 숲 즐기니/서리 맞은 단풍 봄꽃보다 붉어라! 당의 두목(杜牧 803~852) 詩 '山行'에서.

78. 욱악반향(旭岳反響)

당당한 정수리에 설국(雪國)은 일망무제(一望無際)
빈산에 인적 없어 부석돌 뒹구는데
공허한 메아리 앞에 산파도만 넘실대

---

* 아사히다케 정상은 이외로 고요하고, 한 없이 펼쳐진 실루엣만 출렁여, 시불(詩佛) 왕유(王維)의 명시 녹채(鹿柴)가 떠오른다. 공산불견인(空山不見人) 단문인어향(但聞人語響) 반경입심림(返景入深林) 부조청태상(復照靑苔上) 빈산에 사람 보이지 않고/어디선가 말소리만 들려오는데/저녁놀 깊은 숲 속 들어와/또 파란 이끼를 비추네.

79. 온천에 푼 여생고(餘生苦)

내리막 지옥곡은 유황내 짙은 안개
조난(遭難)한 내 여생에 사랑 종 울린다면
울짱 밖 이끼온천에 서러운 맘 풀리라

* 주봉 서쪽에 있는 지옥곡은 활화산으로 유황가스를 뿡뿡 내뿜는다. 그 밑 해발 1,665m 지점에 스카다미못(姿見池)과, 옆 대피소격인 흑악석실(黑岳石室)에 조난자를 위해 울리는 '사랑의 종'이 있다.
* 백화장(白樺莊) 노천탕 : 히가시가와마찌(東川町) 욱악온천지구에 있는 목조 유스호스텔이다. 등산 당시 이미 50년이 넘은 고색창연(古色蒼然)한 노천탕이 아늑하고, 주인이 매우 친절하다.

베트남 2제(1997. 1. 26~1. 31)-하롱베이 2수

80. 바다와 하룡(下龍)

잔잔한 여명(黎明) 바다 통통배 정적 깨고
가난에 찌든 모자(母子) 백산호(白珊瑚) 캐는 찰나
영롱한 칠색룡(七色龍) 무리 하늘에서 내려와

---

* 하롱베이(Vinh Ha-Long 泳下龍) : 베트남 북부 꽝닌성에 있는 아름다운 만(灣)이다. 3천여 개의 섬이 기암괴석을 이루어 놓았다. 하늘에서 용이 한 무리 내려와 외세를 물리치고, 내뱉은 보석이 섬으로 변했다는 전설이 있으며, 1994년 유네스코 세계자연유산으로 등록되었다. 빈민(貧民)층 수상족이 동지나해 산(産) 하등품 백산호(白珊瑚)를 통통배에서 파는데, 1~2불 달란다(1997. 1 기준 한화 850원).

81. 괭이갈매기 화답(和答)

은해무(銀海霧) 피어오른 동굴 앞 홍(紅)유람선
청록빛 해도만리 계림(桂林) 자(字) 운(韻) 띄워 봐도
야릇한 괭이갈매기만 냐오냐오 답할 뿐

---

* 만(灣) 부두에서 4km 떨어진 섬에 있는 석회석 '천궁(天宮)동굴'을 본 뒤, 前 서울대학교 국문과 조동일 교수(1939~ 학술원 회원)와 둘이서 중간에 기착한 해발 65m의 나지막한 섬산을 하나 올랐다. 하롱베이를 일명 '바다의 계림' 이라 하며, 베트남 국기는 붉은 바탕 한가운데, 노란 별 하나가 새겨져 있다. 조 교수께서 漢詩 한수 읊자고 제안하는데, 때마침 괭이갈매기가 끼어들어 "오냐 오냐" 한다.
* 괭이갈매기; 여름 깃과 겨울 깃이 다르다. "냐아오 냐아오" 또는 "꽈아오 꽈아오" 하고 고양이 울음소리를 내는데, 눈매가 야릇함. 성조(成鳥)와 어린 새의 무늬와 색이 다르고, 한국은 텃새로 분류한다.

중국 9제 - 장가계(張家界) 3수 (1999. 5. 16~5. 20)

82. 천자산(天子山)

병풍을 펼쳤는가 산수화 십리화랑(十里畵廊)
곡향(谷香)에 취했거니 누각 위 나비 졸고
짝 잃은 기러기 하나 갈대발을 서성대

* 장가계(張家界, 구 따융-大庸市) : 중국 호남성 우링(武陵-무릉)산맥 중앙에 위치한 중요한 여행도시로, 1982년 제1호 국가삼림공원(3대 풍경구로 구분)으로 지정된 세계자연유산이다.
* 신당만(神堂灣) : 천자산 제1의 유곡(幽谷)으로 북동쪽에 있음.
* 십리화랑(十里畵廊) : 천자산 입구인 가당만부터 꼭대기(높이 약 2,848m)까지의 절경을 이름. 중국명산의 4대 요소는 기험수유(奇險秀幽-기이하고, 험하고, 빼어나고, 깊음)이다.

83. 보봉호(寶峰湖)

산중에 숨긴 명경 송골매가 찾았는데
선녀가 낚아채니 은빛 속살 어이 비춰
들으렴 호면(湖面)에 노닌 애기고기 광시곡(狂詩曲)

---

* 보봉호 : 보봉산 중턱의 인공담수호. 길이 2.5km, 수심 72m에 달하는 무릉원구 수경(水景)의 대표작으로, 거울처럼 맑고 비취빛을 띤다.
* 백장협(百丈峽) : 삭계욕(索溪峪) 풍경구에 있는 협곡(峽谷). 좌우로 솟은 수직 적사암벽(赤砂岩壁)이 빼어나다. 매가 유유히 상공을 선회하며 우리를 인도한다.
* 애기고기(왜왜어-娃娃魚) : 애기 울음소리를 낸다는 고기로, 이른 봄 계류에 떨어진 꽃을 먹고 잠시 중독되어 흐느적거리다 곧 깨어남. 맛이 좋으며, 무릉원 천연기념물이라 한다.

84. 금편계(金鞭溪)

알몸 된 금빛계류 자초담(紫草潭)에 소박맞자
꽃 먹고 취한 고기 화동(畵童) 손에 뛰어놀고
검(劍)인양 붉은 사암(砂岩)에 님의 연정(戀情) 새겨둬

* 금편계 : 무릉원에서 가장 아름다운 계곡으로, 자초담은 중간쯤 있는데, 물이 수정처럼 투명하고 초록색을 띈다. 물밑 바위가 환히 비칠 정도로 얕게 서서히 흐르던 계류가 여기에 이르면, 갑자기 내쫓기듯 휙 돌아나간다. 그림 그리기에 열중인 천진스런 아이들이며, 계곡 양쪽에 솟은 번쩍번쩍 빛나는 붉은 사암은 천하기관(天下奇觀)이다(금편암, 낙타봉 등). 그래도 조국의 화강암이 더 좋겠지?

-황산음(黃山吟) 4수(1996. 8. 15~8. 20)

85. 기송(奇松)

곧으면 베어지리 늠름한 천년 솔아
꼬이고 뒤틀려야 인욕(忍辱)을 이루는 법
남몰래 너를 캐온 뒤 아담 분재 가꾸리

---

* 황산(1,864m) : 중국 안휘성에 있는 천하의 명산으로 주봉은 연화봉으로, 세계 지질유산으로 등록되었다. 오악을 능가한다는 평이 있으며, 기송, 괴석, 운해, 온천을 일컬어 황산4절이라 한다.
* 천년 이상 된 아름다운 소나무가 많은데, 색이 검다(영객송, 송객송 등). 우리 울산바위 붉은 소나무와 많은 대조를 이룬다.
* 직목선벌(直木先伐) : 곧은 나무가 먼저 베어진다. 곧 재능이 뛰어난 사람은 그 만큼 쓸모가 많아 일찍 쇠퇴함 (장자 산목편). 우리 속담에도 "굽은 나무가 선산을 지킨다."
* 인욕 : 욕됨을 참음. 온갖 모욕과 원한을 참고, 원한을 일으키지 않는 수행을 뜻한다(佛).
* 졸저 산악시조 제3집 해외편《山情萬里》제85면 '황산사절'참조.

86. 괴석(怪石)

바위는 기기 묘묘 오악(五嶽)은 안중 없어
비래석(飛來石) 발기하자 자물쇠로 채운 여근(女根)
초(超) 미니 황옥(黃玉)수석을 눈썹 위에 얹으리

---

* 오악 : 중국을 대표하는 방위별 다섯 명산. 남악 형산(衡山), 북악 항산(恒山, 異名 常山), 동악 태산(泰山), 서악 화산(華山), 중악 숭산(嵩山).
* 비래석 : 광명정 서쪽 1km 지점 등산로 옆 큰 바위(높이 12m, 무게 600백 톤). 하늘에서 날아오다 우뚝 멈춰선 모습이며, 남근(男根)을 약간 닮았다. 이 외에도 수많은 기암괴석이 있다. 길옆에는 재물 소원 사랑 등 소위 기복(祈福)신앙인 자물쇠가 등산객 보호용 쇠사슬에 많이 채워져 있다.

87. 운해(雲海)

오해(五海)는 온통 자운(紫雲) 한낮에 만취(滿醉)한 몸
누우니 보송보송 극락 담요 틀림없나
단 한번 뒤척이다가 삼악도(三惡道)로 떨어져

---

* 황산의 운해를 동해, 서해, 전해, 북해, 천해 등 다섯 바다로 나누어 멋지게 부른다.
* 시신봉(始信峰)계곡 : 분경을 꾸민 듯 황산 제일의 아름다운 암봉인데, 그 밑으로 천 길 낭떠러지가 섬뜩하다.

88. 온천(溫泉)

따끈함 즐기는데 인수(人獸)가 다르랴만

눈감고 내공(內功) 쌓는 원숭이들 쫓아내고

모봉향(毛峰香) 짙은 온천에 탐승여독(探勝餘毒) 푸느니

---

* 황산모봉차(黃山毛峰茶)는 중국의 10대 명차에 드는 향이 부드러운 녹차계통의 차이다. 붓끝을 닮았으며, 흰 털(백호-白毫)이 차를 감싸고 있어, 마치 여우목도리를 두른 귀부인을 떠오르게 한다.
* 관산청천(觀山聽泉) : 산을 보면서 물소리를 들음.

-리강운(漓江韻) 2수(제1차 1996. 8. 15~8. 20. 제2차 1999. 5.16~5. 20)

89. 수산(繡山)과 어옹(漁翁)

발묵법(潑墨法) 은은하이 농청록(濃青綠) 바위병풍
봉미죽(鳳尾竹) 물수리는 강 속 은린(銀鱗) 노려보나
어옹(漁翁)은 가마우지와 분홍 농담 따먹기

---

* 리강(漓江) : 중국 광서장족자치구(일명 廣西省) 계림시를 지나는 길이 437km의 수려한 강이다. 물, 산, 하늘이 온통 검어야 제격이므로, 맑은 날보다 비오는 날이 더 운치 있다. 계림에서도 경관이 제일이라는 양삭(陽朔)까지 83km의 선상관광 중 먼저 수산과 마주친다. 이 산은 흰 석회암벽에 먹을 듬성듬성 뿌려 놓은 듯, 마치 수묵병풍 같다.
* 봉미죽 : 강변에 있는 대나무. 휘어져 축 늘어진 윗부분이 봉황의 꼬리를 닮았다 하여 그렇게 부름.
* 가마우지 : 작은 고기는 삼키고 큰 고기는 토해낸다. 한 마리의 값은 소 열 마리와 맞먹는다고 한다. 어부는 대나무로 만든 배 위에서 새를 시켜 고기를 잡는다. 농담하는 사이 물수리가 고기를 채가리!
* 졸저 산악시조 제3집 해외편 《山情萬里》 제86면 '이강의 색' 참조.

90. 관암(冠岩)과 장족(壯族) 처녀

계화(桂花)가 떨어지니 수면은 반달 파문
종유석(鐘乳石) 얼어붙고 석순(石筍)은 키재기 해
오디 빛 장녀(壯女) 미소에 관(冠)을 던진 선비여

* 강가에 벼슬아치의 예관(禮冠)을 닮은 독특한 모양의 암봉과, 그 밑에 1997년에 개방한 아름다운 석회석동굴이 있다.
* 장족(壯族) : 광서장족자치구 인구의 70%를 차지하는 소수민족이다. 여자들의 복장과 민속춤이 현란하다. 입술은 금방 오디를 따먹은 듯, 짙은 보라 빛 관능미가 넘친다.

山情無限 後記

심오한 산악시조! 높이는 구천九天에 이르고,
깊이는 심해深海에 미친다!

등반가는 시조의 눈[目]을 모르고, 시조작가는 산의 눈을 알지 못한다!

1. 이 시조집은 2004. 3. 10자로 발간한 졸저 산악시조 제3집인 《山情萬里》(108수 수록)에 이어, 해외 편으로는 두 번째다. 1995. 7. 28~2003. 6. 13까지 약8년 간 세계의 산을 오르면서 읊은 시조 중, 누락된 부분을 12년 넘게 곰삭힌 후 발표하는 셈이다. 필자의 전체시조집으로는 다섯 번째가 된다. 국외 산하에 대한 서정抒情 단 시조로는 이 세상에서 마지막이 아닐까 한다.

총 90수 중 84수首는 《山書》 제21호(2010. 12. 29 한국산서회 발행)에 '학정천리'(鶴程千里, 선비가 먼 여행을 함) 제하題下로 이미 발표하였고, 6수는 후일 추가했다.

2. 이번에도 제4시조집 《仙歌-신선의노래》와 마찬가지로 발문跋文을 넣지 않기로 했다. "저명한 시조작가는 작시나 평론은 잘 할지 모르지만, 외국산을 모르기에 곤란하고, 반대로 유명산악인은 국외산은 잘 아나, 시조를 모르기에

비평할 수가 없다"라는, 나름대로의 판단에서이다. 외람猥濫되지만, 한국에서 '세계 산악시조'를 짓는 이는 필자 말고는 아무도 없다. 같은 산악시조시인으로 25년 지기인 이산以山 김은남金殷男 선생이 있긴 하나, 그는 국내산만 대상으로 삼는다. 국외 원정등반 경험이 없는데다, 시조 짓는 방법도 확연히 다르다.

3. 사실 물리적, 관념적으로 잘 알지도 못하는 방대한 외국산을 우리정서로 치환置換시켜, 시조라는 그릇에, 그것도 43자 내외의 단수單首로 압축해 담아내는 작업은 대단히 힘들다.

4. 필자는 위인爲人이 단순해서 그런지 몰라도, 문장에 지나친 기교를 부리는 걸 별로 좋아하지 않는다. 시조도 한수면 족하고, 가로든 세로든 석 줄로만 쓴다. 세계에서 가장 짧은 정형시인 일본의 하이쿠는 불과 17음절임에도, "삼라만상을 다 담을 수 있다!" 라고 장담하는데, 하물며 우리 시조는 그 두 배가 넘는 43음절 이상이라, 단수로 짓지 못할 이유가 뭐 있겠는가? 최근 하나의 제목을 두고 2연(聯, 90자 안팎) 이상 나누거나, 심지어 10연(약 450자)까지 늘리는, 소위 연형시조連形時調가 많다. 마치 자유시나 산문을 억지로 시조 틀에 꿰맞춘 느낌을 준다. 실험작의 수준을 넘어 대세로 흐르기에, 우려의 소리가 높다. 그럴 경우, 주된 시상詩想이 과연 어느 연聯에 있는지 작가 자신은 물론, 독자도 혼란

스럽다. 전체를 다 묘사하려는 화자話者의 과욕에서 비롯된 것인 즉, 꼭 표현하고 싶은 소재는 한 개만 고르는 게 바람직하다. 선현들께서 '일제일상一題一想'의 창작정신을 존중하는 소이所以도, 바로 이러한 간결성에 있다 할 것이다.

5. 시조는 우선 글이 물 흐르듯 시원시원해야 한다. 뭔가 걸리거나 막히면 답답한 느낌이 든다. 그리 하려면 글을 지을 때 음악적 요소(율동미)를 반드시 가미시켜야 한다. 바꾸어 말하자면, 반쯤 노래가 되어야한다는 뜻이다. 소리 내어 읽거나, 힘차게 읊어 보아 호흡이 저절로 나누어지고 흥이 나, 마치 시조창時調唱을 하듯 자연스럽게 흘러가야 '참시조'라 할 수 있다. 게다가 적절한 대對가 있고, 앞뒤 구句가 조화를 이루면 더욱 좋다. 한편 고어古語나 토박이말을 일상 언어로 쓰기는 어렵겠지만, 문화선진국처럼 현대시문現代詩文에 넣어 되살리려는 노력은 필요하다.

"가장 한국적인 것이, 가장 세계적인 것이다."

6. 필자는 2016년(丙申年)에 종심從心을 맞이한다. 근래 우리의 수명이 늘어나긴 했어도, 70살이면 결코 짧은 삶이라 볼 수 없다. 이제 여한이 없다. 인간의 목숨이야 하늘에 달렸겠지만, 너무 오래 살면, 못 볼 것을 보게 된다. 예컨대, 건강한 부모가 막판에 아픈 자녀를 돌보게 되는 괴로움

을 겪는다든지, 경우에 따라 그들을 먼저 보내야 하는 아픔 등… 각설하고, 지구상에 그 산이 존재하는 한, 이 시조도 사라지지 않을 것이다. 한편 졸저 기간既刊 산악시조집 《山中問答》 외, 총4권과, 한시집 《北窓》은 책이 팔리지 않았지만, 과분하게도 모두 양서良書로 분류돼, 일말一抹의 보람은 있다. 책이란 많이 팔리면 좋겠지만, 누가 읽고 어느 곳에 소장되는가도, 그에 못지않게 중요하다. 아껴준 독자에게 이 지면을 통해 고마움을 전한다.

韓相哲 세계등산 및 트레킹 기록

1. 1995. 7. 28~7. 31 3박 4일
일본 북 알프스 오쿠호다카다케(穗高岳 3,190m) 등산. 처 동행. 아틀라스 트랙 故 박철(朴喆) 이사 인솔
2. 1996. 8. 15~8. 20 5박 6일
중국 안휘성 황산(黃山 1,873m) 등산. 처 동행(상해, 계림여행 겸)
3. 1999. 4. 1~4. 5 4박 5일
대만 최고봉 옥산(玉山 3,952m) 등정. 태로각 협곡 등 관광. 처 동행. 한국요산회 故 안경호 주관
4. 1999. 4. 13~4. 2 11박 12일
네팔 안나푸르나 베이스캠프(표고 4,130m) 종주. 명소관광. 알펜 투어(대표 이혜석) 강철원 과장 인솔
5. 1999. 4. 30~5. 5 5박 6일
말레이시아 코타 키나발루(4,095.2m) 등정
6. 1999. 6. 11~6. 14 3박 4일
일본 다테야마(立山) 3산 종주, 오오야마(雄山 3,003m), 오난지야마(大汝山 3,015m), 벳산(別山2,880m). 구로베 관광. 김영철 씨와 둘.
7. 1999. 6. 22~6. 29 7박 8일
인도네시아 롬복 섬 최고봉 린자니 산(3,726m) 등정. 브로모(2,329m) 화산 오름. 귀로 시 발리 관광
8. 1999. 7. 24~7. 28 4박 5일
일본 북 알프스 야리가다케(槍岳 3,180m), 오쿠호다카다케(제2차) 종주

9. 1999. 8. 2~8. 17 15박 16일
스위스 마터호른(4,477m) 등반, 솔베이 헛(4,003m)까지 진출. 대원 2명 유고로 아이거, 대안인 묀히 봉마저 등반 포기. 융프라우 요흐 뒷문 열고 설암벽 훈련 등

10. 위 기간 프랑스 샤모니로 이동. 유럽알프스 최고봉인 몽블랑(4,807m) 등반훈련 중, 몽뒤따뀔(Mont Blanc du Tacul 4,248m)까지 진출 후, 조난. 8.12 샤모니 귀환 후, 브레방 산 트레킹. 스위스 관광. 故 김형주 대장 인솔 유럽 알프스원정대

11. 1999. 9. 17~9. 20 3박 4일
일본 북해도 흑악(黑岳 1,984m)~최고봉 대설산(大雪山) 욱악(旭岳 2,290.3m) 등산. 천인협(天人峽) 트레킹

12. 1999. 10. 8~10. 28 20박 21일
네팔 안나푸르나 라운드 트레킹. 베시사하르~베니. 최고고도 쏘롱 라(표고 5,416m) 경유, 약 250km. 임형운 주관

13. 1999. 11. 12~11. 21 9박 10일
필리핀 루손 섬 마욘(2,462m) 화산, 피나투보(1,748m) 화산, 타알(400m) 화산 등 등산 혹은 트레킹. 라이스 테라스 등 명승지 관광

14. 1999. 12. 28~2000. 1. 4 7박 8일
뉴질랜드 남섬 마운트 쿡(3,753.3m) 볼 패스 트레킹. 밀 포드 사운드 등 명소 관광. 한국출판인산악회 주축

15. 2000. 2. 26~3. 9 12박 13일
아프리카 최고봉 킬리만자로 길만스(Gilman's 5,681m) 포인트 등정. 암보세리 관광. 남아프리카공화국 케이프타운 테이블 마운틴(Table Mountain 1,085m), 희망봉 등 탐방.

16. 2000. 4. 6~4. 23 17박 18일
네팔 쿰부 히말 고교 픽(5,357m) 등정. 故 박철 주관.

17. 위 기간 중 에베레스트 베이스캠프 트레킹(초라 5,330m 경유)
18. 위 기간 중 칼라파타르(5,550m) 등정
19. 2000. 5. 5~5. 10 5박 6일
말레이시아 코타 키나발루(4,095.2m) 제 2차 등정. 쿠알라룸푸르 관광. 처 동행
20. 2000. 7. 18~7. 28 10박 11일
유럽 최고봉 러시아 카프카스 산맥 엘브르즈 봉(5,642m) 등정. 모스코바 등 명소 관광. 에베레스트 투어 김덕환 차장 인솔
21. 2000. 8. 19~8. 23 4박 5일
일본 남 알프스 기다다케(北岳 3,192.4m) 종주
22. 위 기간 중 이동. 일본 최고봉 후지산(富士山 3,776m) 등정
23. 2000. 9. 13~9. 28 15박 16일
라틴 아메리카 페루 안데스 산타크루즈 트레킹(최고고도 우니온패스 4,750m). 마추픽추, 나스카, 티티카카, 등 명소 관광. 티엔씨 여행사 채경석 이사 인솔
* 소책자 〈페루비안 안데스〉 1차 50부, 2차 30부 80부 발간 배부
24. 2000. 10. 20~10. 25 5박 6일
중국 섬서성 화산(華山 2,160.5m) 등산. 명소 관광. 처 동행
25. 2000. 12. 14~2001. 1. 2 19박 20일
라틴 아메리카 최고봉 아콩카과(6,954m) 등반. 제2캠프 니도 콘도라스(5,900m)까지 진출. 강철원 대장 리드. (사) 한국산악회, (사) 대한산악연맹 충청북도연맹과 합동등반
26. 2001. 4. 2~4. 30 28박 29일
중국 실크로드 탐사(시안~우르무치). 신강성 소재 기련산

(祈連山) 트레킹, 표고 3,600m까지 진출. 겸 명소관광. 티엔씨 여행사 김수현 인솔.

27. 위 기간 중 이동, 화산 제2차 등산

28. 2001. 6. 2~6. 6 5박 6일
중국 길림성 장백산 천문봉(2,620m) 등산(제1차). (사) 대한산악연맹 서울특별시연맹과, 중국연변조선족등산협회 합동등반

29. 2001. 7. 28~8. 4 7박 8일
중국 사천성 쓰구냥산(四姑娘山) 따구냥봉(大姑娘峰 5,355m) 등정. (사) 대한산악연맹 충청북도연맹 상당산악회 주축

30. 2001. 12. 21~12. 24 3박 4일
중국 길림성 장백산 동계 약식등산(제2차). 중국 길림성 연변조선족 자치정부 관광국 초청. (사)서울특별시산악연맹 서태균(徐泰均) 전무이사 동반

31. 2002. 8. 16~8. 26 10박 11일
몽골 공화국 뭉크하이한 산 발란친 봉(4,200m) 등정. 명소관광

32. 2002. 11. 5~11. 19 14박 15일
중국 사천성 야라설산(雅拉雪山 5,825m)을 세계 최초로 등정 시도했으나 실패. 표고 4,800m까지 진출. 이동 후, 쓰구냥산 약식 트레킹(제2차). 총 8명으로 구성된 혼합원정대 단장(團長). 유리 아시안트렉 대표 김수현 주관(등반대장)

33. 2003. 5. 29~6. 13 15박 16일
인도 가르왈 히말라야 강고트리 산군(山群) 트레킹(표고 4,460m 지점). 명소 관광. 소수 트레킹 대(隊) 구성 끝.

韓相哲 세계여행 기록

1. 베트남 북부 관광

가. 1997. 1. 26(일)~1. 30(목) 4박 5일

나. 하노이, 하롱베이

다. 서울대학교 국문학과 '조동일' 교수 등

2. 국민은행 지점장 능력개발 해외연수(제 20기)

가. 1997. 5. 12(월)~5. 31(토) 19박 20일

나. 영국, 프랑스, 벨기에, 네덜란드, 스위스, 스페인, 이태리, 미국, 멕시코 등 총 9개 국

* 주요 도시 : 런던, 파리, 베르사이유, 브뤼셀, 암스테르담, 취리히, 루체른, 인터라켄(그린델발트), 마드리드, 톨레도, 로마, 나폴리, 폼페이, 소렌토, 뉴욕(시티), 워싱턴(DC), 라스베가스, 아리조나 주(그랜드캐니언), 로스앤젤레스, 티우아나 등 20개.

3. 인도네시아 발리 관광

1997. 7. 10(목)~7. 14(월) 4박 5일. 세진여행사 주관

4. 중국 계림 장가계(구 대용시) 관광. 광주(廣州), 계림 경유. 처 동행

1999. 5. 16(일)~5. 20(목) 4박 5일. 라이센스 여행사 주관(중국 남방항공 취항 기념)

5. 터키 문화 탐방

가. 2003. 10. 11(토)~10. 20(월) 9박 10일

나. 유명 소설가 '김주영' 등 홀수회 10명. 한국여행사 대표 홍옥선 주관.

백두산 관광 기록

1. 2006. 5. 26(금)~5. 30(화) 4박 5일
   가. 한중 문학 세미나 겸 문학기행(동방문학 이시환 발행인 주관)
   나. 故 장백일 국민대학교 명예교수 등 총 17명

금강산 관광 기록

1. 제1차(해로)
   가. 1999. 1. 20(수)~1. 23(토) 3박 4일
   나. 한국요산회(고 안경호 주관) 현대 금강호 배편
   다. 내금강 만물상 코스 포함
   라. 처 손정숙은 귀로 선상음악회에서, '그리운 금강산'을 불러 '인기상' 받음

2. 제2차(육로)
   가. 2005. 1. 23(일)~1. 25(화) 3박 4일
   나. 한국등산학교(교장 이인정) 동계반 교육생 격려차(금강산 체류 총 6박 7일 일정)
   다. 해금강 및 삼일포 코스 포함
   라. 故 복인규(서울특별시산악연맹 이사), 한상철(동 이사) 2명 외, (사) 대한산악연맹 중앙연맹 임원과 전국시도연맹 임원 등.

韓相哲 경력

가. 일반 신상

1. 한상철(韓相哲) : 1947년 10월 28일(음) 정해 생
2. 경북 고령 출생
3. 본관 청주. 몽계공파(夢溪公派) 제 32대 손
4. 호 : 죽전(竹田), 반산(半山). 자(字) : 시흥(始興)
   당호(堂號) : 수우당(守愚堂), 자하당(紫霞堂)
5. 1965년 1월 공립 대구상업고등학교 제 37회 졸업
6. 동년 2월 16일 국민은행 전국공개채용 초급행원 제2기로 입행
7. 1990년 7월~국민은행 지점장 역임. 최종 문산(경기 파주)지점장
8. 1998년 12월 31일 경제위기로 중도 퇴직
   * 경기대학교 서비스경영전문대학원 최고경영자과정 제23기 수료(2002. 1)

나. 등산 관련

1. (사) 서울특별시산악연맹 가맹단체 '거봉산악회' 회장 역임(1993~1996)
   * 유명산악인 엄홍길 대장 배출
2. (사) 대한산악연맹 서울특별시연맹 이사 역임(2001~2008)
3. (사) 한국자연공원협회(법정단체) 감사 역임(2005~2013)
4. 등반 기록
   가) 국내 등산 : 1,500 여회(2006. 12. 31 기준). 백두대간, 정맥, 기맥, 지맥 종주 외

나) 국외 등산 : 킬리만자로(5,895m) 외, 총 33 곳 등반 및 트레킹

다. 현재 활동

1. 산악 관련

가) (사)한국산악회 평생회원

나) 한국산서회 회원

다) 한국히말라얀 클럽 회원

라) 서울산악동우회 회원

마) (사)'산과 자연의 친구 우이령 사람들' 회원(환경운동단체)

2. 문학 관련

가) (사)한국한시협회 회원

* 前 국립강원대학교 교수 역농(亦儂) 남윤수(南潤秀) 박사 사사

나) (사) 한국시조시인협회 회원

다) (사) 한국문인협회 회원

라) 대한한시학회 회원

마) 한국산악문학 '시산' 동인

바) (사) 한국시조사랑시인협회 회원

3. 사회, 역사 관련

가) 한강포럼 회원

* 대한민국 최정예 지성인 모임

나) 한국고서연구회 회원

다) (사) 서울문화사학회 회원

라) (사) 서울역사문화포럼 회원

라. 저서

1. 《山中問答》 산악시조 제1집 도서출판 (주) 삶과 꿈. 2001. 6. 10
2. 《山窓》 산악시조 제2집 도서출판 (주) 삶과 꿈. 2002 .5. 10
3. 《山情萬里》 산악시조 제3집(해외 편) 도서출판 (주) 삶과 꿈. 2004. 3. 10
4. 《仙歌-신선의 노래》 시조 제4집 도서출판 (주) 삶과 꿈. 2009. 7. 30
5. 《北窓》 한시집 도서출판 수서원 2015. 5. 30

마. 주소 연락처

1. 주소 : 서울특별시 도봉로 180 가길 32 중흥아파트 101동 710호 (우) 01318
2. 전화 : 02-956-8481. 010-8713-8481.
3. 이메일 : hsc9381@hanmail.net

半山 韓 相 哲 山嶽時調集(5)
世界山嶽時調 第2篇

山情無限

초판 1쇄 인쇄　　2016년 5월 4일
초판 1쇄 발행　　2016년 5월 10일

저　자　韓 相 哲
발행인　孫 光 春
인쇄처　圖書出版 修 書 院
발행처　서울특별시 성북구 삼선교로 2길
7-3
TEL. 765-0924~5, FAX. 765-0927
E-mail　suseowon@hanmail.net
등　록　1971.12.9. No.2-282
ISBN / 978-89-6798-033-7

〈정가 12,000원〉

※이 책은 500부 한정판으로 제작되었습니다.